万店营销

连锁餐饮品牌战略营销管理

刘述文 ★ 著

企业管理出版社
EMPH ENTERPRISE MANAGEMENT PUBLISHING HOUSE

图书在版编目（CIP）数据

万店营销：连锁餐饮品牌战略营销管理 / 刘述文著 . — 北京：企业管理出版社，2023.7
ISBN 978-7-5164-2864-1

Ⅰ. ①万…　Ⅱ. ①刘…　Ⅲ. ①餐饮业 – 品牌战略 – 营销管理　Ⅳ. ① F719.3

中国国家版本馆 CIP 数据核字（2023）第 125441 号

书　　名：万店营销：连锁餐饮品牌战略营销管理
书　　号：ISBN 978-7-5164-2864-1
作　　者：刘述文
策　　划：侯春霞
责任编辑：侯春霞
出版发行：企业管理出版社
经　　销：新华书店
地　　址：北京市海淀区紫竹院南路 17 号　　**邮编：**100048
网　　址：http：//www.emph.cn　　**电子信箱：**pingyaohouchunxia@163.com
电　　话：编辑部 18501123296　　发行部（010）68701816
印　　刷：三河市荣展印务有限公司
版　　次：2023 年 7 月第 1 版
印　　次：2023 年 7 月第 1 次印刷
开　　本：710 mm × 1000 mm　　1/16
印　　张：12 印张
字　　数：135 千字
定　　价：68.00 元

前言

众所周知，当前我们所处的经营环境错综复杂。德鲁克曾说，在一个不确定的时代，环境已经不那么容易研究了。由于经营环境的不确定性，我们在思考企业管理问题、经营问题的时候，就面临非常复杂的情况。在这种情况下，我们要创造顾客、满足顾客、赢得顾客，实现持续发展，就需要在企业管理、经营上树立基本的哲学观念。

战略定力

本书的第一部分讨论了战略、企业和战略规划，旨在提示企业家、管理者要强化战略思维，保持战略定力。

笔者在给企业做战略咨询时发现一个现象，即企业家、管理者遇到的最大问题并非事情本身，而是心不定。导致他们心不定的原因是，他们不知道自己的志向，不确定自己所追求的最终目标。所以，我们给企业做战略咨询时，首先要给企业家、管理者做“定心”的心理咨询，让他们建立起战略定力。正如国学经典《大学》教导我们的七个修证境界：“知、止、定、静、安、虑、得”。即：“知止而后有定，定而后能静，静而后能安，安而后能虑，虑而后能得。”

这段话给企业家的启示是：企业家要立志，有了志向，确定了目标，然后才能心静、不妄动；心不妄动，然后才能安于目前的处境；安于目前的处境，然后才能虑事周详；虑事周详，然后才能有所得，达到至善的境界。

德鲁克认为，在未来不确定的情况下，企业不应该花太多的力气去研究未来环境将如何变化，将希望寄托在把握它的变化格局上，而是要改变自己的思考，依靠企业价值理念的引导，形成一种内在的力量。笔者认为，这种内在的力量就是“不忘初心，方得始终”的战略定力。

当企业家、管理者有了战略定力，在面对不确定的环境时，就不是去研究什么机会，此时“机会”的概念已经变了，变成“机遇”的概念了。就是说，我们将在未来遇到什么样的有利格局和不利格局，而这种格局是由我们能不能超越对手决定的。如果你能够超越对手，那么你就在未来的格局当中处于有利地位，这就是机遇。因此，在不确定的环境下，企业家要思考的是用什么能力去把握这个机遇。

在互联网时代，餐饮实体店面的市场辐射范围发生了巨大变化，基于互联网的配送渠道成为餐饮营销渠道的重要组成部分。有的餐饮品牌就把握住了机遇，如瑞幸咖啡，以线下实体店铺为支点，通过互联网线上外卖渠道迅速扩张，步步为营，收获累累硕果。

营销制胜

本书的第二部分讨论的是产品战略、品牌定位战略、品牌推广战略、开店战略，旨在提醒企业家、管理者要重视营销职能，发挥营销的战略力量，建立争夺市场的能力。

在不确定的环境下，企业成功的关键在于提高响应市场的速度，提高争夺市场的能力，这主要依赖于营销。只有发挥营销的作用，把市场的力量引导到企业之中，产生一种整体营销的能力，提高响应市场的速度，进而建立品牌壁垒，提高争夺市场的能力，才能带领一个企业走向未来。

德鲁克认为，企业的两大基本职能是营销和创新。这句话充分说明，营销是企业最为重要的职能之一，是企业不可忽视的一件事情。

改革开放以来，西方营销思想传入我国，无论你是企业管理者还是策划人，相信都对营销有了不同的认知和理解。从最早的 CIS 理论，到 4Ps 营销理论、4Cs 营销理论，再到定位理论、IMC 营销理论，这些营销理论指导了中国诸多品牌的营销实战，帮助中国企业取得了出色的成绩。

然而，无论是传统的 4Ps 营销理论，还是 4Cs 营销理论以及其他的任何营销理论，都要求我们把营销问题引导到经营方式上，整合企业内在的所有系统的能力，构建一套独特的经营活动，形成一种营销职能的结构，只有这样我们才有可能建立快速响应市场的核心竞争力。

在未来的存量竞争市场上，企业的成功不在于对机会的发现，而在于对机遇的把握。对机遇的把握则需要我们掌握争夺市场的能力，超越竞争对手。要争夺存量市场，我们必须重新认识营销，即营销不仅仅是满足市场需求，也是创造市场需求，更重要的是帮助企业争夺市场，这才是营销制胜的关键所在。

组织效率

本书的第三部分讨论的是构建战略中心型组织，旨在提醒企业家、管理者要重视企业组织功能建设，提高组织的效率。

产业社会唯一正确的原则是效率原则，高效率地实现自己的使命和目标是一个组织的关键。在追求高效率的过程中，逐渐发育出了我们的组织，所以当我们确定了基本的使命和目标的时候，整个组织能不能有效地调动起来，也就是说这种组织是否有效，是它能不能走向未来的关键。

组织的目的在于执行战略，战略执行是塑造企业管理、形成企业价值最重要的因素，战略执行能力的重要性不亚于战略本身。今天的组织需要有一个共同的语言来沟通战略、流程和系统，以帮助他们成功地执行战略，并获得对战略的反馈。而这种战略执行，用迈克尔·波特的话说就是用一组经营活动有效地表达企业的使命。

对一个组织来讲，它应该内生出一种效率或者力量，这种效率是一个组织的出发点，也是产业社会的出发点。

本书中笔者介绍的战略中心型组织能够有效地帮助餐饮企业内生出一种力量，去协调企业的成员，组织企业的队伍，提升企业的组织效率。战略中心型组织与其他一般组织的区别在于，它能够系统地描述、衡量和管理战略，将战略目标从财务、顾客、内部流程、学习与成长四个角度逐个落地，不断地提高组织的效率，形成结构性的竞争能力。

作为一名咨询师，笔者很早就有撰写一本战略营销管理书籍的欲望。在创作本书的过程之中，笔者选择了竞争门槛比较低、市场竞争白热化的连锁餐饮行业作为主要研究对象。原因不难解释：餐饮行业是一个足够大的行业，仅以国内市场为例，一年的收入就有约 4 万亿元，同时经历新冠疫情，外部环境充满巨大的不确定性，在社区或者街区里，餐饮企业有的开业，有的倒闭，这为笔者提供了研究的视角，希望能找到成功规律，提高投资效率。

餐饮行业涉及一个很长的生态产业链，餐饮行业的产品性、服务性、文化性在数字化挑战面前刚好形成一个多角平衡。而且餐饮行业不乏鲜活的案例，例如绝味鸭脖、蜜雪冰城、瑞幸咖啡等本土品牌，在短短几年成为知名餐饮品牌，这些鲜活案例背后的成长逻辑和规律值得我们深入研究。

在品牌营销领域，有无数的理论可以提供支持，而理论必须服务于实践。随着经济环境变得复杂化，战略营销和组织管理需要面对现实和未来，重塑品牌经营者的思维——市场法则就是创造顾客，就是争夺市场。因此，我们必须把自己的资源有效地配置在自己的能力上，也就是创造顾客的能力和超越竞争对手争夺市场的能力。为此，我们要有战略定力，发挥组织效率，营销制胜，真正做到知行合一，从而获得理想的结果。

刘述文

2023 年 5 月

目录

1 重新认识战略和企业

1.1 重新认识战略

当前，世界百年未有之大变局加速演进。中国商业发展步入新阶段，各个行业呈现不同的发展趋势。对趋势的不同理解与应对决定了企业走向何方，而能走多远则是认识论与方法论共同决定的，更准确地说是认识论决定的。

认识论优先于方法论，任何方法论都是基于对哲学的理解，其实质是我们对事物本源的认识。中国传统哲学思想教我们如何认识事物、理解事物的本质，例如，程朱理学的“格物致知”，陆王心学的“心即理”，就是具有代表性的认识论。

认识是理解事物的基础，正确认识某事物需要两种能力：“定义级洞察力”和“原理级的问题解决能力”。例如，要认识企业战略，就要通过“定义级洞察力”定义企业战略，这样才能正确认识企业战略的本质，从而制定企业战略。“原理级的问题解决能力”就是根据顶层设计，建立解决问题的逻辑框架的能力。

首先，对战略要有“定义级洞察力”。关于什么是战略，企业家、商界学者对此众说纷纭，知名管理学家明茨伯格也提出过十几种关于战略的定义。

追本溯源，寻词释义。“战略”的概念最早来自军事战争领域，是指筹划和指导军事战争的方略。探讨战略最为著名且具有代表性的两本书是孙武的《孙子兵法》和克劳塞维茨的《战争论》。《孙子兵法》是探讨中国古代的战争之法，主要强调谋略、庙算，是善战者之说。《战争论》是讨论现代战争的攻略之法，并定义战略是“为了达到战争目的而对战斗的运用”。

通过“定义级洞察力”，我们认为战略是一种从全局考虑谋划实现全局目标的规划，指导着组织做正确的事。

其次，对战略要有“原理级的问题解决能力”。例如“目前在哪里，到哪里去，如何到达那里”的三段论，再如惠普十三法则、华润6S、华为的BLM模型，这些都是基于“原理级的问题解决能力”的逻辑框架。

战略具有全局性、长期性、独特性、实时性与落地性五大特征。

1. 战略的全局性特征——高屋建瓴

战略的第一个特征是全局性。在全局与局部的关系中，全局始终处于优先地位，对局部具有统帅、制约甚至支配作用。比如《孙子兵法》中讲决定作战之前要“经之以五事，校之以计，而索其情：一曰道，二曰天，三曰地，四曰将，五曰法”，其实就是告诉我们，决策前首先应从全局进行考虑。

企业是一个具有共同使命、愿景、价值观的组织，依赖多个职能的协同，需要一揽子的经营活动，例如战略远景规划、组织与人力资源管理、品牌与市场营销、企业文化与团队建设、精益生产与供应链管理、流程优化与再造、信息化建设、风险管理与控制，这些都是战略要素，不可分割开来，要在全局观下进行思考，需要紧密协同才能以更低的交易成本经营企业。

毛泽东在《中国革命战争的战略问题》中强调了战略的全局性特征："战略问题是研究战争全局的规律的东西"，"只要有战争，就有战争的全局"。

企业的战略决定了需要什么样的组织，需要什么样的企业文化，需要如何开展市场营销，以及需要什么样的流程，等等。要实现各战略要素的最优协同，就需要进行全局性思考。

对于餐饮企业来说，做什么产品、店在哪里开、用什么团队、品牌如何构建、供应链如何保障、如何统筹运营等，需要整体考虑。

2. 战略的长期性特征——水滴石穿

我们往往会高估一年所能做的事情，而低估十年所能做的事情。对于做人、做企业来说，没有坚定的战略目标，注定难以成就一番事业。很多人生目标、企业目标在短期内是无解的，而以十年为周期的战略眼光来看，则是有解的。只有做长期主义者，做时间的朋友，日积月累，才能做成一件大事，成就一番事业。

战略必须具备长期性，任何一个战略必须要实施三至四年，够用几十年，否则就不算是战略。正如水滴石穿，不是水的力量，而是坚持的力量，是时间的力量。因此，对于企业而言，其战略规划至少要以三年为一个周期，甚至是五年或更长时间。

咨询公司可以通过人才战略构建核心竞争力。咨询行业是一个极度需要高级人才的行业，像麦肯锡、贝恩等国外的咨询公司凭借品牌优势，可以招聘到像哈佛商学院这样的全球顶尖学校的人才。反观国内的咨询公司，则很难招募到国内外的顶尖人才。短期来看，要解决这个问题，难于上青天。但是，和君咨询经过十年的战略布局，解决了高级人才难求的问题。和君咨询在创立初期就布局了人才战略，以人才培育为支点，早期建立了王明夫私塾，现在发展为和君商学院，积少成多，聚沙成塔，在培养学子的同时，实现了人才引流，源源不断地吸引优秀人才加入和君咨询，解决了咨询师人才供给的问题。

3. 战略的独特性特征——守正出奇

“守正出奇”是中国古代的一种用兵思想，《孙子兵法》说：“凡战者，以正合，以奇胜。”这里的“正”是指用兵的常法，反映战争指导的一般规律；“奇”是指用兵的变法，反映战争指导的特殊规律。

“守正出奇”的兵法思想对于战略规划的启示是：一是企业战略要符合一般的规律，要立正固本；二是要通过独特的战略出奇制胜。

面对处于低迷期、萎缩期的冰激凌市场，哈根达斯提出的“守正出奇”战略是专注于面向成人的高级冰激凌的制作与销售，从而走出了独特的生存之路，并且快速发展。

哈根达斯的守正之招是，当同行们都在进行冰激凌、巧克力、酸奶多种经营的时候，哈根达斯却聚焦于冰激凌，只做冰激凌。

哈根达斯的出奇之招是，由面向儿童冰激凌市场变为面向成人的高级冰激凌市场。在中国市场，哈根达斯的冰激凌单球在30元左右，一些特色的产品如抹茶冰激凌等在48~68元，“冰火情缘”之类的套餐则一般在120~160元。如今，定位高端市场的哈根达斯已经得到了顾客的广泛认可。

4. 战略的实时性特征——领先半步

战略规划是一个持续的过程，我们应系统地进行当前的决策，并尽可能了解这些决策对未来的影响。

德鲁克认为，战略规划不是预测，它并不涉及未来决策，它涉及的是有关未来的当前的决策。战略决策者所面临的问题不是他所在的组织明天应该做什么，而是今天必须为不确定的未来做些什么准备。换言之，战略不是我们未来做什么，而是我们现在做什么才有未来。

那么，企业现在选择做什么就体现了战略的实时性特征。选择大于努力，选择决定命运，对于企业而言又何尝不是如此，现实中很多企业家常常陷于对战略的选择焦虑。

俗话说："领先半步是先驱，领先一步成先烈。"智慧的企业家常常选择"领先半步"的战略决策。通过领先市场机会半步，领先竞争对手半步，抓住机会，构建自身的核心竞争力。

例如，绝味食品的成功离不开其"领先半步"的战略举措。

战略举措一：通过加盟连锁开店，迅速跑马圈地，在全国建立起庞大的终端网络。

战略举措二：形成连锁网络效应，建立覆盖全国的渠道运营管控能力。

战略举措三：抢占线上，发力构建会员体系，圈占用户，掌握用户数据。

战略举措四：建设供应链体系，构建覆盖全国的每日鲜配能力。

战略举措五：基于渠道管控能力和高密度生鲜供应链能力，打造行业基础设施，成为特色食品和轻餐饮的公共平台。

“领先半步”是战略智慧，是成功哲学。“领先半步”的战略举措使绝味取得了巨大成功，如今，绝味的营业收入持续保持增长，利润超过同行，重资产布局数十个工厂，但仍然保持净资产收益率领先。

5. 战略的落地性特征——知行合一

战略的存在价值就在于其能落地，战略不落地，就不存在战略。

战略落地的方法是战术，战术是夺得整体胜利的局部执行计划，指导着企业正确地做事。如果说战略是眼睛看不见的东西，是全局的安排，那么战术则是眼睛能看见的东西，是具体的操作、执行方法，将战略落地。

战略不是放在办公桌抽屉的纸本方案，也不是挂在墙上的标语口号，它需要落地，体现在组织的每一个成员的语言和行动中。因此，战略不只是管理部门的事情，它是企业所有人共同的事情。

战略落地最有效的方式是，通过培训、会议、团建等各种形式，将战略目标融入全员的行动中，最大化地调动全员的积极性，发挥全员的主观能动性。

克劳塞维茨说：“只有战争的效果才能反映战略的正确与否。”因此，必须将战略贯彻到实际经营中去，去现场处理各种细节问题，不断对总的计划做必要的修改，最终实现总目标。

现实中，很多企业虽然有战略规划，但战略的落地性差，使得战略的价值大打折扣。这就需要咨询顾问在提供战略咨询服务时，不定期地与顾客开战略会议，辅导战略落地。

关于战略，管理大师德鲁克认为：“战略之难不在于知，而在于行。

专注于行动，是战略的真相。”这便是德鲁克“知行合一”的观点。

战略与战术必须真正实现“知行合一”——做正确的事以及正确地做事。德鲁克认为：“战略是由战术组成的。如果战略不是以战术为依据并体现在其中，那么再详尽的战略也只不过是面向未来的‘纸上谈兵’。另一方面，如果战术没有整合于统一的战略计划之中，那么它们只不过是权宜之计，是一种猜测，并且会指引错误的方向。”

从知与行的角度来看，德鲁克“知行合一”的观点与王阳明的不谋而合。王阳明认为：“知之真切笃实处即是行；行之明觉精察处即是知。知行功夫，本不可离。”

同时，王阳明认为，知是行的意识，行是意识的流动。知与行本是一体的，是同一个事情的两个层面，此为知行本体论。

知行合一是战略与战术关系的哲学支撑点，战略是知，战术是行，战略是战术之始，战术是战略之终。战略指导战术的发展方向，战术的经验对下次的战略制定具有指导作用，从而实现真正的知行合一。

“运用之妙，存乎一心。”王阳明“知行合一”观点中的“知”，除了指意识、认识之外，还有一个意思是“良知”。企业的存在价值在于解决某一方面的社会问题，作为企业家、经营者，在为企业制定战略、执行战术的时候，要存善去恶致良知。

1.2 重新认识企业

企业的存在价值是什么，我们可以通过企业的三大原理来认识，这三大原理源自“现代管理学之父”彼得·德鲁克的三大原创思想，即社会职能原理、创造消费者原理、价值创新原理。

第一原理：德鲁克的社会职能原理

企业是社会的重要器官，承担某一方面的社会分工职能，为社会的目的而存在。企业是手段，不是目的，企业存在的理由是为社会解决问题。一个社会问题，就是一个商业机会。企业能够生存，是因为企业对社会有用，解决了某一方面的社会问题。企业解决的社会问题越大，企业的价值就越大，而价值越大就能肩负更大的社会责任。

企业战略不是企业的战略，而是企业为了解决某一社会问题而为社会制定的战略，所以，成功的企业是解决社会问题的实践者，卓越的企业是难以替代的社会责任担当者。

第二原理：德鲁克的创造消费者原理

德鲁克认为，要想知道一个企业是什么，必须从理解企业的目的开始。企业的目的必须存在于企业本身之外。事实上，企业的目的必须存在于社会之中，因为企业是社会的一部分。企业的目的只有一个适当的定义：创造消费者。

德鲁克认为，企业的存在并非由生产者来决定，而是由消费者来决定；不是靠公司名称、地位或规章来定义，而是由消费者购买商品或服务时获得满足的需求来定义。因此，要回答这个问题，我们只能从外向内看，从消费者和市场的角度来观察我们所经营的事业。

第三原理：德鲁克的价值创新原理

德鲁克深刻地指出，创新并非聪明的创意或发明，也并非科技方面的改进，是否存在创新要看是否为顾客创造出新的价值。什么是价值？价值并不是价格，价值是顾客得到的，价格是顾客支付的。作为企业，推出一项新产品、新服务或者新流程，要满足顾客未被满足的需求或潜在需求，创造出新的顾客满意；顾客有新的所得，才会从不买到买，从买得少到买得多，或者愿意付出比过去更高的价格。这反映在企业的收入和利润上，就是创造了新的财富。

德鲁克对创新的分类有三种：第一，产品的创新或服务的创新；第二，管理的创新，指制造产品与服务，并且将它们推向市场所需的各种技能与活动的创新；第三，社会的创新，即市场、消费者行为和价值的创新。

1.3 认识连锁餐饮企业的三大战略思维

1.3.1 从企业思维转变为产业思维

产业思维是企业家获得成功所必须具备的思维之一，企业长期的成功依赖于顺着产业演进曲线上行。企业的发展布局、战略规划，都应当以产业为本。和君咨询的十六字方针“产业为本，金融为器，战略为势，创新为魂”中，“产业为本”是首位，其重要性不言而喻。

产业思维一：人均 GDP 影响产业更迭

美国哈佛大学教授、发展经济学家钱纳里提出，工业化是以经济重心由初级产品生产向制造业生产转移为特征的。他把现代经济增长理解为经济结构的转变，把因人均收入增长而发生的结构转变过程划分为三个阶段。从农业社会走向工业化的初期，到工业化的中后期，再到以信息化为代表的后工业化阶段，只要人均 GDP 到了某个阶段，相应的产业风口就会自然而然地出现。

沿着人均 GDP 的变迁轨迹，每一个阶段都会出现相应的经济现象和社会现象，以及产业的机会与风险。按这个思路可以推测出当前和未来产业的潮涨与潮落、兴衰和更替、机会与风险。

产业史告诉我们，产业演进分为初创、规模化、集聚以及平衡和联盟四个阶段。产业的演进是必然的、不可避免的、不能逃避的。以饭店、餐饮、食品行业为例，全球的规律是：人均 GDP 达到 5000 美元的时候，开始进入发展期，而人均 GDP 达到 10000 美元的时候，会出现爆炸式增长。饭店、餐饮、食品行业目前同处于产业的规模化阶段，相对而言，饭店、餐饮行业显示较弱的并购业绩，食品行业则显示较强的并购业绩（见图 1–1）。

产业演进规律

产业演进规律是产业经济学领域研究的重点，而并购作为企业重组和资源整合的一种重要手段，会对产业内的竞争格局产生重要影响。通过跟踪 1990 年以来的 135000 个兼并和收购案例，结合前人研究，2002 年科尔尼公司提出了著名的产业演进曲线理论。该理论按产业集中度、利润率和进入壁垒等指标将产业演进过程划分为四个阶段。

初创阶段：TOP3 市场份额为 10%~30%，这一阶段的企业应关注营业收入和规模，而非利润。

规模化阶段：TOP3 通过收购占据 15%~45% 的市场份额，规模开始越来越重要，产业领导者开始出现并且领导着产业整合。

集聚阶段：TOP3 控制 35%~70% 的市场，存在 5~12 家主要竞争者，成功的企业扩展它们的核心产业，出售或者关闭附属部门，并持续地积极加强竞争。

平衡和联盟阶段：TOP3 占据了 70%~90% 的市场份额，这一阶段增长变得更加艰难，大型公司会与同行组成联盟。

资料来源：根据网络资料整理得到。

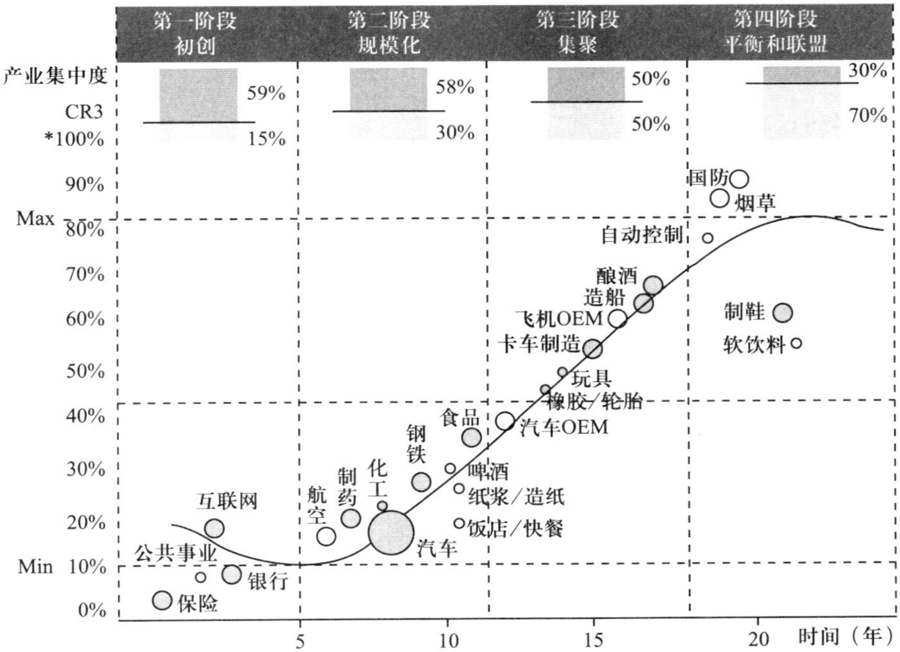

图 1–1 产业演进的四个阶段

资料来源：科尔尼价值成长数据库及分析。

注：图中白色气泡显示较弱的并购业绩；灰色气泡显示较强的并购业绩。CR3 表示最大三家公司的市场占有率之和（基于价值成长数据库的 25000 家公司）。

随着我国经济的快速发展，全国居民人均可支配收入呈现出快速增长的趋势。国家统计局统计数据显示，2016年至2021年，全国居民人均可支配收入从23821元增长到35128元，居民收入提升是餐饮行业发展的基础推动力。

产业思维二：技术创新推动产业升级

技术创新与产业升级密切相关。技术变革一定会带来金融变革、物流变革，以及生产方式和交易方式的变革，助推产业升级。对于餐饮行业来说，网络技术、数字化技术、工业制造技术、物流冷链及保鲜技术、人造肉技术的创新助力产业不断升级。

第一，网络技术的创新。

移动互联网技术的发展，推动顾客在线下单，提升了餐饮企业外卖、外带的效率。在移动互联网深入应用的情况下，经营过程中采用智能化减少人工成本，依靠标准化降低风险的模式会引领行业的创新发展，加快餐饮企业的发展速度。智能炒菜机、机器人送餐、全自助无人服务餐厅等智能化经营方式会越来越多地出现在餐饮服务中。

第二，数字化技术的创新。

餐饮企业通过采用数字化技术，可以对前厅流程中的获客引流、预定餐位、排队叫号、点餐、送餐、收银、外卖等店内经营环节进行数字化管理，以达到降本增效的目的，最终将辅助餐饮企业提供更满足顾客需求，更高效、便捷、舒适的餐饮服务。

第三，工业制造技术的创新。

随着餐饮行业的不断发展，生产技术水平也在不断进步，更多的新技术、新设备、新工艺运用到生产过程中，自动化水平显著提高，不仅提高了生产效率，节约了人工成本和能耗，同时提高并保证了食材的品质。

餐饮企业用现代工业化理念，采用标准化生产方式，导入专业食品加工技术，实现品种系列化、生产标准化、经营规模化，将中餐由厨房及中央厨房操作向现代工业化生产转变，用工厂化方式生产餐饮产品成为餐饮工业化发展的必由之路。

第四，物流冷链及保鲜技术的创新。

物流冷链运输行业与食品保鲜技术的发展推动了连锁模式的扩张。近年来，我国物流冷链运输及保鲜技术快速发展，有效地增加了企业销售网络覆盖的广度与深度，扩大了配送的范围并提高了产品配送的效率，保障了食品安全与新鲜度，极大地支持了连锁模式的发展，为行业的发展创造了有利条件。

随着连锁经营餐饮企业的占比逐年增大，中央厨房和配送中心的建设成为现代餐饮行业发展的新趋势，这与冷链行业的集约化发展、共配模式的推进不谋而合。通过“餐饮企业规模化的采购＋冷链企业仓配一体化的服务”，供需双方实现深入对接，在降低餐饮企业流通成本的同时，提高了冷链企业的所得利润以保障服务质量，将原本存在的下行矛盾螺旋，转变为经济新常态下的上行增长螺旋。

第五，人造肉技术的创新。

人造肉技术在 2018 年被《科学美国人》评为十大新兴技术之一，于 2019 年被《麻省理工科技评论》评选为十大突破性技术之一。2020 年，全球在人造肉领域的投资节奏迅速加快，并且诸多创业公司的业务方向多元，涉足了人造肉全供应链（从原材料、生产设备到终端产品），终端产品也越来越多元（从畜牧到水产），初步形成了专业化分工。因此，2020 年被称为人造肉元年。

2020 年 4 月，星巴克在中国推出与美国植物肉品牌 Beyond Meat 合作的三款“植物牛肉轻食产品”，同时与 OmniPork 合作推出两款亚洲风味的“植物猪肉轻食产品”，这些产品将在星巴克中国的 3300 家门店上线，而星巴克在中国大陆总共有 4300 多家门店。

海底捞在 2021 年 3 月宣布，在上海的 31 家门店的火锅小料台，推出植物蛋白新品“味伴侣”作为搭配配料，同时将植物肉“牛肉粒”列入菜单。

1.3.2 连锁餐饮企业的经营思维

1. 从经营市场转变为经营用户

纵览餐饮食品产业的发展史，我们会发现：传统手工作坊时代的超级产品，其创新是“以厨师为中心”，成功要素主要是厨师的技术水平和店铺位置；传统工业时代的超级产品，其创新是“以餐饮公司为中心”，成功要素是技术创新、门店以及加盟渠道，顾客不是不重要，而是在整个价值链里处于非核心位置；互联网时代的超级产品，所有创新是“以顾客为中心”，成功要素不再是供应商、渠道等，而是让顾客喜欢吃，并成为品牌的粉丝。

在信息化时代，餐饮实体店面的市场辐射范围发生了巨大变化，基于互联网的配送渠道成为餐饮营销渠道的重要组成部分，有的餐饮品牌，如瑞幸咖啡、挪瓦咖啡，以线下实体店铺为支点，通过线上外卖渠道的迅速扩张，攻城略地。

张瑞敏很早就说过："没有成功的企业，只有时代的企业。"言下之意就是，企业要与时俱进，顺应时代的发展。基于互联网思维，从经营市场转变为经营用户，是时代对企业的要求，企业没有经验用户的思维，注定会被时代抛弃。

对于餐饮企业而言，经营用户最为重要的环节就是与用户开展有效互动，通过与用户的互动得到用户的反馈，更深刻地了解用户需求，以便更好地满足用户。

经营用户就是要走近用户，从用户中来，到用户中去，在多个自媒体渠道（本地社群、朋友网络、官网、公众号、小程序、公域流量平台等都是常见的互动渠道）与用户互动，让用户参与需求调研、用餐反馈等多个环节，以期了解用户的真实需求和市场情况，同时在有效互动的过程中调整企业的经营细节。

知名管理学者包政认为，互联网思维就是社区思维，互联网时代正遵循着自然规律向着人与人之间构成的社区回归。在某种意义上，基于互联网与用户开展有效互动就是在构建品牌与用户的社区关系。

在构建品牌与用户的社区关系上，绝味鸭脖是成功的，绝味鸭脖几乎同步了用户社区营销。绝味鸭脖的门店都是社区店，与社会用户建立紧密关系是第一要务，一万家门店形成了精准用户群，整体用户社区中的用户数达到一千余万人，甚至逐渐增加，这是餐饮品牌的新根据地和私域流量池。营销小程序中的拉新获客方式、每一天的店内活动、群内的红包互动、线上线下打通、外卖平台满减活动等，构成了用户社区持续的互动方式。

基于数据分析，绝味鸭脖将每一天的互动时间安排在上午 11 点到 12

点、下午5点到6点，这些基础运营数据来源于客单数据，而这些数据又会同步到公司的云平台之上。这些管理模式的变革促使品牌营销的行为模式不断迭代，优化到竞争对手看不懂、模仿不了的地步。基于独特的经营活动，构建独有的核心竞争力，让竞争对手触不可及，这在绝味品牌上体现得淋漓尽致。

2. 从经营产品转变为经营品牌

品牌是老生常谈的词汇，为了帮助读者更深入地认识品牌，笔者提炼了品牌五大原理：品牌信任原理、社会监督原理、品牌溢价原理、品牌资产原理、品牌成本原理。

品牌信任原理：品牌是产品的牌子，品牌与消费者的信任关系是通过重复博弈机制建立的。消费者相信某产品，通过牌子来识别、购买产品，久而久之该产品品牌就成为消费者信任的品牌。

所以，我们开餐厅，就要让顾客得到公道的价格和质量有保障的服务，让顾客经常来店消费，帮我们宣传，甚至带他的家人、朋友来店消费。

社会监督原理：品牌的本质是社会监督企业、保护消费者的一种风险机制，成为品牌就要受社会监督。

对于餐饮企业、食品企业而言，食品安全、卫生清洁是品牌存在的基石，谁也不能跨越这条红线，一旦你在食品安全、卫生清洁上出了错，社会和消费者就会鄙弃你、惩罚你。

品牌溢价原理：对于同样的产品，一个品牌能比竞争品牌卖出更高的价格，这就是品牌的溢价能力，这个溢价能力体现在各品牌之中。

品牌溢价是产品或品牌的附加价值。作为餐饮企业，要想在消费者心智中建立更高的品牌溢价，需要从两方面着手：一方面是占据品类第一的位置，使品牌成为该品类的代言人；另一方面是将品牌设定在高价格段位，同时塑造与之匹配的品牌形象。

品牌资产原理：从企业经营的角度而言，经营有两个视角：一是成本视角，二是投资视角。成本很好理解，那么投资是什么？就是投入生产产品、经营企业的成本，这个过程中形成的就是资产。

我们从传播学、心理学的角度来定义品牌资产：它是企业所有品牌营销活动带给消费者的心理事实，它是消费者对品牌的认知和记忆所带来的企业利润收益，这些认知和记忆是消费者在一段时间内对品牌的所看、所读、所学、所听、所想及所感。

对餐饮企业的启示是：餐饮品牌要开展让消费者认知和记忆的连续营销活动，这样才能形成并积累品牌资产，最终构筑认知的护城河。

品牌成本原理：从科斯交易成本的角度来说，品牌是企业在认知中竞争的基本单位，品牌的存在价值在于利用品牌资产建立品牌壁垒，以此来降低企业的外部交易成本，同时提高对手的外部交易成本。

品牌成本原理给我们的启示是：企业需要营销预算来建立品牌，即产品成为品牌之前“先舍”——需要营销成本来完成品牌孵化；成为品牌之后“可得”——可以形成品牌壁垒，降低企业与外部的交易成本，例如社会监督成本、消费者选择成本、营销传播成本、与合作商的合作成本。

另外，品牌还有以下三大特点。

（1）品牌的商业本质是强者恒强的马太效应，品牌让强者更强。

（2）品牌是企业参与竞争博弈的秘密武器，这个无形的武器能够影响顾客看法、改变顾客行为。

（3）品牌是对抗经济周期的护城河，助力企业度过经济寒冬。

经营品牌就像建水库，投资周期长，见效慢，但是一旦水库建成，后续就是相对稳定持续的收益。因此，经营品牌需要有长期复利思维，要把品牌当成企业重要的战略资产。

将经营思维从经营产品转变为经营品牌，是绝大多数企业家所认可的，也是很多企业管理者所推崇的。笔者认为，经营餐饮品牌需要从产品品牌、店铺品牌和企业品牌三个层级展开。

第一个层级：经营产品品牌。尽管餐饮企业以店铺为形式，但是在经营品牌时，首先要考虑的是经营产品品牌，因为顾客买的是产品，餐厅是靠销售产品盈利的，店铺只是餐饮产品的交易场所。例如星巴克的咖啡、绝味的鸭脖，如今我们可以在商场、网上买到星巴克的咖啡、绝味的鸭脖。再如瑞幸咖啡最初主要通过移动互联网销售小蓝杯咖啡产品，再通过开店逐步建立起品牌。

好的产品不一定都是爆品，但一定是顾客喜欢的、记得住的、口碑好的畅销产品。

第二个层级：经营店铺品牌。餐饮品牌的最大特点是，餐厅有不同的产品种类，有多种产品组合服务顾客。这就要求餐厅管理好多种产品，保证质量。同时，餐厅的就餐环境对顾客体验有重大的影响，这就需要我们设计店铺体验，打造店铺形象，塑造店铺品牌。

好的店铺不一定是产品种类最多的店铺，但一定是餐饮品类定位明确，能让顾客立马想起来的店铺。

第三个层级：经营企业品牌。在餐饮企业生态范畴里，餐厅是一个很微观的生态，只要打造好了单店模型，能够盈利，餐厅就可以持续运营了。跳出餐厅，我们站在企业层面或者行业层面来看，其实，餐厅是餐饮企业的其中一个环节。例如，企业一旦进入资本市场，尤其是要IPO，不可避免的就是面临资本市场对企业的估值，企业要想提高市盈率，获得高估值，就必须有强大的企业品牌。

强大的企业品牌并非知名度最大的品牌。企业品牌是否强大，除了看企业的品牌知名度、品牌美誉度外，更重要的是看企业的基础扎不扎实，底子厚不厚，是否具有核心能力，管理是否过硬，是不是可以持续盈利。

无论是产品品牌、店铺品牌还是企业品牌，食品安全、食品卫生都是餐饮品牌管控的核心命题。

3. 从经营店铺数据转变为经营大数据中心

没有互联互通的单个店铺就是一个个信息孤岛，连锁店铺的意义在于打破信息茧房，最大化整合多个连锁店铺的经营数据，构建大数据中心，用大数据来反哺企业的经营，提升连锁店铺的协同效率。

大数据能够明显提升企业数据的准确性和及时性，更重要的是，大数据能够帮助企业分析大量数据，进一步挖掘细分市场的机会，最终能够缩短企业产品研发时间，提升企业在商业模式、产品和服务上的创新力，大幅提升企业的商业决策水平。

大数据就像品牌一样，具有极大的虚拟价值，大数据思维和品牌价值理论在本质上是共通的，二者都是基于用户数量和关系连接的价值框架。

随着餐饮行业的竞争日益加剧，餐饮企业对数字化提出了更高的要求，不仅需要满足餐饮前端触达顾客的营销需求，更需要满足从效率、经营、金融到供应链的各种需求，实现从上游到下游、从线上到线下的全产业链、全方位的数字化升级。

大数据工程师和人工智能工程师完成了这样的系统构建，事实上，我国任何成规模的餐饮连锁企业都可以依托大数据，开展前端顾客管理、企业组织内部管理和供应链管理。打破信息茧房，让数据互联互通，就能够形成拥有巨大价值的大数据。

数据挖掘已经成为企业经营过程中的重要工作，数据挖掘的目标就是建立企业精确的小数据，基于精确的小数据构筑大数据，从而经营品牌、管理品牌。一个连锁餐饮品牌企业已经拥有几百万用户，真正的营销就是从这几百万用户开始，建立企业自己的数据流量池，随着品牌企业和用户互动的沉淀，这些都会成为企业重要的战略资产。

餐饮行业的数据掘金，是从餐饮服务到数据挖掘的蜕变过程，是对餐饮企业经营的重大革新。数据掘金的最大价值在于，通过技术手段将财务管理、供应链管理、门店管理、会员管理等全部向数据化推进，例如，通过消费市场终端的需求反馈，可以指导供应链的配给，以及产品的研发与创新。大数据支持企业精益管理，从根本上加强餐饮企业的品牌力和供应链能力，提升餐饮企业的核心竞争力。

需要说明的是，天生对互联网、数字化敏感的年轻一代品牌运营者并不需要转变思维就可以使用数字工具来经营品牌。比如喜茶创始人聂云宸，熟悉年轻一代的生活方式，并且对于移动互联网行业的规律有清晰的认知。他在创立喜茶门店的时候，也正是数字化社群开始起飞的时候。喜茶依托短平快的特点和标准化，加上互联网赋能，使庞大的用户群和高频的消费热点形成了共振关系，这种数据管理模式同样得到了资本市场的高度认可。值得思考的是，对于老一代经营者而言，或许只有少数人能够完成这样的转变。

4. 从经营价值链转变为经营生态链

价值链

价值链的概念最初是由迈克尔·波特于1985年提出的，他所说的价值链主要是针对垂直一体化企业的，强调单个企业的竞争优势。迈克尔·波特认为："每一个企业都是在设计、生产、销售、发送和辅助其产品的过程中进行种种活动的集合体。所有这些活动可以用一个价值链来表明。"

对于连锁餐饮企业而言，价值链是一家餐饮门店的价值系统，是由价值发现、价值创造、价值传播、价值提供、价值服务等环节构成的链条。连锁餐饮企业通过对价值链的梳理，打造餐厅的单店盈利模型。

供应链

从广义上来讲，餐饮企业的供应链包含多个流程，从产品研发开始，需要链接上游供应商采购原材料，通过中央厨房/工厂进行产品加工，再通过物流/仓配中心进行配货，到达门店进行制作，最终提供餐品给消费者品尝。

餐饮企业的传统供应链主要涉及采购、仓配、研发和食品安全；成熟供应链在传统供应链的基础上增加了生产、计划管理以及数字可视化分析等功能。

餐饮供应链体系建设的痛点主要表现在：

（1）供应商寻源成本过高，准入资质管控标准不统一，线下进行供应商绩效考核，采购业务员无法直观对比择优；

（2）业务员依据经验进行采购补货，容易出现库存积压、生产缺货等现象，增加企业的生产成本；

（3）温控仓配数字化程度低，管控弱，跟不上连锁企业在二、三线城市开拓直营店和加盟店的速度；

（4）供应链体系缺乏管控，导致食品安全问题频发；

（5）门店订货品类多样，到货周期长；

（6）门店订货、收货缺乏统一的数据管理，影响门店的协同效率。

产业链

产业链是指有供需关系的行业组成的一个有逻辑的供需链——供应链加需求链。

供应链是从供应的角度满足需求，是企业一体化战略中的后向一体化，谋求供应基础设施资源扎根。

需求链是从市场的角度满足顾客需求，是企业一体化战略中的前向一体化，谋求在市场扎根。

随着餐饮行业的发展，近几年我国很多连锁餐饮企业都在进行产业链布局，其中绝味食品就是产业链布局的典型案例。

绝味食品通过企业的上下游整合构建了产业链，例如，依托开发管控渠道的能力和高密度的生鲜供应链能力，绝味食品打造了行业基础设施，成为“特色食品和轻餐饮的公共平台和加速器”。通过新项目孵化、投资并购，实现多赛道、多品牌运营，分享食品餐饮消费升级红利。对于食材供应商，投资了赛飞亚；对于供应链，投资了快行线、餐北斗、阿南物流；对于调味料，投资了美鑫食品；对于卤味及餐饮品牌，投资了颜家辣酱鸭、和府捞面、舞爪、很久以前羊肉串、我馋鸭脖、大虾驾到等。

绝味食品的产业链布局

绝味食品创建于2005年，在短短十几年的时间内，门店数量膨胀了超过200倍，遍布全国。2022年，绝味食品更是以68亿元的营业总收入稳坐卤味食品行业的头把交椅。亮眼的经营扩张成绩令人艳羡，而绝味食品的高速扩张，与其三大优势密不可分。

销售网络优势：绝味食品深知，休闲卤制食品的消费特性决定消费者在购买产品时，往往更加注重购买行为的便利性。因此，绝味食品自成立以来就十分重视销售网络管理。经过多年的持续开拓，绝味食品已形成覆盖全国32个省、自治区和直辖市的销售网络。截至2021年底，绝味食品在全国已有超过1.4万家门店，绝味食品销售网络的覆盖率和门店数量均在业内遥遥领先。当前，销售网络已成为绝味食品重要的竞争优势，为绝味食品进一步提升市场份额奠定了良好的基础。

供应链网络优势：作为即食性产品，休闲卤制食品的新鲜度也是消费者关注的重点。为了实现及时的产品供应以保障食品的新鲜度，绝味食品构建了一个“紧靠销售网点、快捷供应、最大化保鲜”的全方位供应链体系。绝味食品每开拓一个新地区的市场，必定先建立相应的产品供应和物流配送体系。绝味食品以子公司作为向全国销售网络配送产品的生产基地，以最优冷链配送距离作为辐射半径，能够实现直接、迅速的产品配送效果，为提高效率、降低成本、保障食品安全提供了核心支持，也为绝味食品门店的快速扩张提供了坚实的供应网络保障。

产品研发优势：绝味食品一直非常重视新产品的开发，并针对各地差异化的饮食习惯积极研发新品。当前，绝味食品的产品已经涵盖了多类肉制品、素食等，形成了“以卤制鸭副产品等卤制肉食为主，卤制素食、包装产品、礼品产品等为辅”的近200个品种的丰富产品组合，能够满足消费者的不同口味和种类偏好。

此外，为了进一步提升绝味食品的研发优势，绝味食品还与湖南农业大学、江苏大学等院校建立了长期的合作关系，以科研带动产品开发，不断完善产品结构，着重开发工艺先进、附加值高的新产品。

销售网络、供应链网络和产品研发三大优势助力绝味食品快速成长，从休闲卤味食品行业中脱颖而出。绝味食品创始人戴文军曾表示，绝味食品多年来一直专注于打造一流特色美食平台，之后将继续依托自身的供应链能力，保持在现有产品领域的优势地位，在此基础上加快扩张、优化休闲卤味食品产业链条。

资料来源：中国财富网。

生态链

企业生态可以理解为企业在一个大的经济环境中的生存发展状态。企业通过打通多个产业链，可以构筑更高的竞争壁垒，从而形成一个良性循环的发展生态链。

餐饮企业有着自身的特殊性，其前端为店铺，通过堂食、外卖、外带为顾客提供就餐服务，属于第三产业。其实，餐饮企业与第二产业的制造业也密切相关，很多餐饮企业的食品需要制造业加工完成，部分还要靠手工业。如果再往前看，又与第一产业相互联系，食品的食材——瓜果蔬菜、家禽，依赖于农业的种植业、养殖业，而这个基本盘依赖于发达的现代农业。因此，餐饮企业的生态链融合了第一产业的农业、第二产业的制造业、第三产业的服务业、零售业，是一个多元化的产业形态。

对于餐饮企业而言，从经营产品到经营产业链再到经营生态链，是企业转型升级的重要思考框架。

例如，蜜雪冰城就是经营生态链的典型代表。蜜雪冰城全力以赴向上游走，不惜一切代价，持续抢占关键的食材资源，建设食材制造工厂。同时，火力全开向下游扎根，迅速抢占终端门店资源，触达顾客。蜜雪冰城打造了集产品研发、生产、仓储物流、销售、连锁经营于一体的完整生态链。

蜜雪冰城的生态链布局

蜜雪冰城是国内门店数量最多、规模最大、品牌影响力最强的现制饮品连锁企业之一，主要从事现制饮品、现制冰淇淋及其核心食材的研发、生产、销售以及品牌运营管理。

公司通过“直营连锁为引导，加盟连锁为主体”的方式打造了现制茶饮连锁品牌“蜜雪冰城”、现磨咖啡连锁品牌“幸运咖”和现制冰淇淋连锁品牌“极拉图”。截至 2022 年 3 月底，公司已有 2 万余家门店，门店网络覆盖了我国 31 个省、自治区、直辖市。同时，公司积极走出国门，致力于将“蜜雪冰城”打造成为全球性的现制茶饮品牌。

截至 2022 年 3 月底，公司已经建立起占地 252 亩的智能制造产业园、130000 平方米的全自动化生产车间，可以实现现制饮品、现制冰淇淋核心食材的自主生产，在保证食材稳定供给与产品品质的同时，有效降低了公司成本。

在仓储物流环节，公司已在河南、四川、新疆、江苏、广东、辽宁、浙江等 22 个省、自治区、直辖市设立了仓储物流基地，并通过公司的物流合作方，建立了基本覆盖全国的物流运输网络。

资料来源：蜜雪冰城招股说明书。

对于餐饮企业来说，虽然借助于互联网或移动互联网的手段能够快速触达消费者，但难以满足消费者对多样美食与良好体验的需求，这就必须重构品牌与消费者的关系，将产业链或供应链协同起来，为消费者做贡献，也就是经营生态链。

餐饮企业的四重生态圈

餐饮行业属于微观的行业，很多创业者着眼于开一个一个店铺，逐渐把企业做起来，成为企业管理者之后，就陷于思考具体产品、店铺的产品思维之中。当管理者只有为数不多的几家店铺时，其产、供、销三个环节在店铺中完成，此时餐饮企业处于低水平竞争状态。随着店铺的扩大，竞争的加剧，就上升到更高的竞争维度，即产业链竞争的维度，乃至生态链竞争的维度。

如果餐饮品牌是一个生命体，那么用鱼儿比喻最为贴切了，餐饮品牌的成长就像一条鱼儿在与其他竞争者构成的生态系统里求生存、谋发展，只有经历“池塘、湖泊、江河、海洋”四个生态的蜕变，小鱼儿才能成为大鱼儿，乃至成为餐饮生态链的鲸鱼。

第一重生态圈：池塘生态，是以某一个点的单点市场为突破的初级餐饮生态。

任何企业都要经历从小到大的过程，作为池塘里的小鱼儿，唯有先适应池塘的生态环境，及时觅食，保持灵活性，才能逐步壮大。对于新餐饮企业，最重要的是开几家店做试点，以恰当的选址、招牌产品和富有特色的店铺吸引顾客，跑通单店盈利模型，致力于成为池塘生态里的大鱼。

池塘是蓄水的坑，一般不太大，也不太深。池塘生态里的大鱼，要想成为更大的鱼儿，就要跃入更大的湖泊。

第二重生态圈：湖泊生态，是在某一个市的区域市场为王的中级餐饮生态。

机会与威胁并存。跃入更大的湖泊水域，意味着鱼儿有更多的发展机会，与此同时，也意味着更多的竞争威胁。

餐饮企业前期跑通的单店盈利模型并不一定适合更大的市场。此时，餐饮企业需要在新市场来验证单店盈利模型的可行性。在该阶段，餐饮企业应当小步快跑、快速迭代。要以最火爆的产品、最科学的店铺选址、最火的门店来持续改善，构建最佳的单店盈利模型，并使盈利模型实现标准化复制。该阶段的店面集中覆盖一个市的区域市场，当数量发展到上百家，成为局部市场之王时，就成了湖泊生态里的大鱼。

湖泊是陆地上的洼地蓄水而成，是面积宽广连续的水体。湖泊生态里的大鱼，要想成为更大的鱼儿，就需要勇于游入江河。

第三重生态圈：江河生态，是在多个省、市乃至全国市场为王的高级餐饮生态。

俗话说，大江大河出大鱼。大江大河具有多水系的优势，借助大江大河的水系，鱼儿可以不断壮大自己。

在该阶段，餐饮企业要打通多个供应链体系，构建供应链模型，在供应链触达的地方开店扩张，当店面数量发展到上千家，覆盖多个省、市乃至全国市场，形成江河生态这一高级生态时，便成为某餐饮食品的品类之王。此时，餐饮企业的规模效应凸显。

江河是大河的泛称。然而，无论江河有多大，却培育不出像鲸鱼那样的鱼儿，那么最好的办法就是奔赴海洋，蜕变成鲸鱼。

第四重生态圈：海洋生态，即发展海外市场，在国际市场为王的超级餐饮生态。

地球上最广阔的水体——海洋，不仅有最大的鱼、最大的鱼群，而且还是一个最大的生态系统。

对于餐饮企业而言，该阶段的重要任务是打通农业种植、工业加工制造、物流和零售终端环节，构建生态链。当店面数量发展到几千家乃至上万家，产业链优势凸显，辐射海外更大的国际市场时，就成为海洋生态的产业王者。

同时，可以依托农业种植、工业加工制造和物流的产业基础设施，参与行业内多个餐饮品类的投资，孵化多个细分品牌，成为产业龙头，从而既提高产业基础设施的利用效率，又做大公司的生态链规模。

因此，笔者建议企业家要在自己的办公室挂一幅契合企业自身情况的“生态圈”地图。

1.3.3 创新思维

具有创新思维是企业家的标志，企业家精神就是创新精神。德鲁克认为，创新是组织的一项基本功能，是管理者的一项重要职责，是有迹可循的实务工作。

德鲁克所主张的“创新”，指的是集体的创新、系统化创新，而不是“个别的创意”，是产业的变革与社会的重大改变，它是社会性和经济性的用语，而不是科技性和技术性的名词。

“创新”是创业家与企业家的特殊工具，他们凭借创新，将变革当作是开创另一事业或服务的大好机会。创业家与企业家必须有目的地寻找创新的来源，寻找预示成功创新机会的变化和征兆。他们也必须了解成功创新的原则，并加以运用。

德鲁克对创新的分类有三种：第一是产品的创新或服务的创新；第二是管理的创新，即制造产品与服务，并且将它们推向市场所需要的各种技能与活动的创新；第三是社会的创新，即市场、消费者行为和价值的创新。

德鲁克具有创见地提出了创新的七种来源，即七大机遇，前四项存在于企业内部（或组织内部），后三项则产生或存在于企业或产业外部：①意料之外的事件——意外的成功、意外的失败；②不协调的事件——实际状况与预期状况不一致；③基于程序需要的创新；④产业和市场结构上的改变；⑤人口统计数据；⑥认知、情绪以及意义上的改变；⑦新知识——包括科学与非科学的。

德鲁克认为，企业没有利润是常态，所获得的维持企业继续生产经营的“利润”不是利润，只是社会付给企业承担社会分工的“管理者工资”。企业家只有创新，才能获得利润。而创新获得的利润是短暂的，因为对手会学习赶超，以至于消灭创新利润。所以，要想获得利润，就需要持续创新。

经济学家熊彼特从生产关系的角度指出了创新的五个维度。

（1）采用一种新的产品，或者给一种老的产品赋予一种新的特性。

（2）采用一种新的生产方法。

（3）开辟一个新的市场，这个市场以前可能存在，也可能不存在。

（4）采用一种新的原材料，或者原材料或半成品的新的供应来源，同样不管这种供应来源是已经存在的，还是第一次创造出来的。

（5）实现一种新的商业组合，形成或打破一种垄断。

那么，餐饮企业如何创新？我们可以通过熊彼特提出的五个创新维度来获得灵感。

第一，采用一种新的产品，或者给一种老的产品赋予一种新的特性。

采用新品容易理解，但不好做到。成立于2015年的三顿半咖啡，将冻干技术用在速溶咖啡上，成了业界第一个吃螃蟹的人。三顿半的产品设计一直被消费者津津乐道，从2018年起三顿半推出的数字星球杯系列一直备受年轻人的追捧，其明亮简约的纯色小罐设计颠覆了人们对咖啡包装的认知，数字1~6对咖啡烘焙的定义也可以让消费者更加快速地选择自己喜欢的口味。

不同于老牌咖啡产品的沉闷，三顿半高颜值的工业设计让消费者在品尝咖啡时心情更加愉悦。三顿半不仅在包装设计上出彩，在产品内容输出上更是紧追时代潮流，通过不断创新，保持产品的新鲜活力。

第二，采用一种新的生产方法。

对于同样的产品，采用新的生产方法可以提升生产效率。应用新方法是餐饮行业非常普遍的创新方式，例如制作面点，将传统的手工生产方式变为现代化的机器生产方式，这种改变带来了极大的效率提升，从而提升了餐饮企业的竞争力。再如，依托数字化管理方法，打通了门店端与供应链，大大地提升了企业的运营效率。

第三，开辟一个新的市场，这个市场以前可能存在，也可能不存在。

开辟一个新市场就意味着抓住一个新机会，瑞幸咖啡的成功就在于开辟了10~25元价格带的现磨咖啡市场，成为“低价高质”现磨咖啡的先驱。

2017年之前，国内20元以下的现制连锁咖啡市场玩家几乎只有McCafe和K COFFEE，两个品牌附生于一、二线城市的麦当劳和肯德基餐厅，提供有限的到店用餐或者自取服务。咖啡市场被10元以下的即溶、速溶咖啡和25元以上的精品咖啡占据，10~25元的价格带基本空白。

2017年，瑞幸以低廉的价格和快捷的场景切入市场，率先打破了现磨咖啡的“中产”溢价，聚焦了新的市场机会。利用有针对性的产品和模式，瑞幸创造出新的“平价”咖啡市场，通过赠饮和大额优惠券实现社交裂变，吸引原本不喝咖啡的消费者开始喝咖啡，或者让少量消费的用户转向大量消费。

为了满足当时的“低端”消费者（咖啡饮用频次低的消费者）对咖啡好入口、性价比高、便携性高的三重需求，瑞幸采用了小店模式，相比于传统咖啡馆节省了大量空间，门店只承担制作和出餐任务，不需要和用户进行过多交互。

第四，采用一种新的原材料，或者原材料或半成品的新的供应来源，同样不管这种供应来源是已经存在的，还是第一次创造出来的。

全国80%的柠檬产自四川省安岳县，蜜雪冰城通过在安岳县建立生产基地，降低了原材料成本，同时由生产基地负责柠檬的储存和运营，在对柠檬进行清洗消毒、分拣、装箱后，通过蜜雪冰城的物流直接运输到全国的中心仓库，然后按需再分发到门店。一颗柠檬从树上到车上再到门店的全流转链路，都由蜜雪冰城亲自严格把控。

第五，实现一种新的商业组合，形成或打破一种垄断。

麦当劳是全球拥有3万多家分店的成功快餐连锁集团，连3岁的小孩儿看到拱形M字母都会发自内心地露出喜爱的微笑，这足以证明它的影响是无孔不入的。

确切地说，麦当劳并没有发明任何新东西，任何一家美国的高级餐厅老早就开始供应它的最终产品了。但是，麦当劳的创始人雷·克罗克通过应用“管理的概念和技术”（思考顾客所重视的价值），使产品标准化、规格化，设计流程与操作工具，以及分析工作流程与结果并设定标准，然后依据该标准培训员工，实现一种新的商业组合，大幅提高了“资源的产出”。

2 中国餐饮行业观察

2.1 把脉中国餐饮行业的未来走向

趋势一：市场空间广阔

中国人均 GDP 的提升带动消费需求的升级，消费需求的升级刺激餐饮行业朝多样化、细分化的方向发展，如新式餐饮、预制菜、休闲食品等业态迎来了新的发展机会。中国连锁经营协会发布的报告显示，2020 年至 2022 年餐饮业连锁化率从 15% 提升到 20.7%，同期新茶饮的连锁化率从 41.2% 提升到 55.2%。

人均 GDP 是一个具有重要意义的指标，在不同的人均 GDP 阶段将呈现不同的现象、问题以及解决办法，人均 GDP 在某种程度上决定着行业的兴衰。1971—2011 年美国人均 GDP 增速与餐饮业收入增速的变化如图 2-1 所示。随着中国居民人均可支配收入和消费支出进一步增长，人们的生活品质不断提升，对餐饮数量和品质的需求不断增加。

同时，人口结构的变化也将推动餐饮行业的发展。国家统计局发布的数据显示，截至 2022 年底，我国单身人口数量已经达到了 2.4 亿人，占到了总人口的 17.14%，创历史新高，而且单身人口数量还在不断增加。参考 1975—2000 年日本每户家庭人口数与外食产业规模的演变趋势可

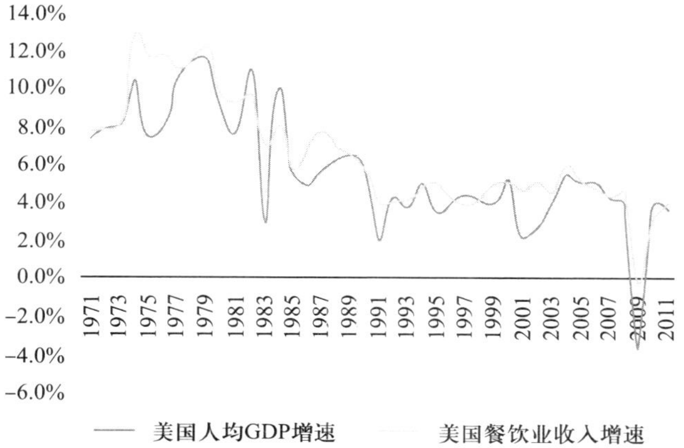

图 2–1　1971—2011 年美国人均 GDP 增速与餐饮业收入增速的变化

资料来源：U.S.Census Bureau（美国人口调查局）。

知，人口数越少的家庭，越喜欢到外面吃（见图 2–2）。因此，人们对餐饮的需求量将日趋增大，餐饮行业具有十分广阔的市场空间。对于众多餐饮企业而言，未来十年将是一个非常好的发展时机。

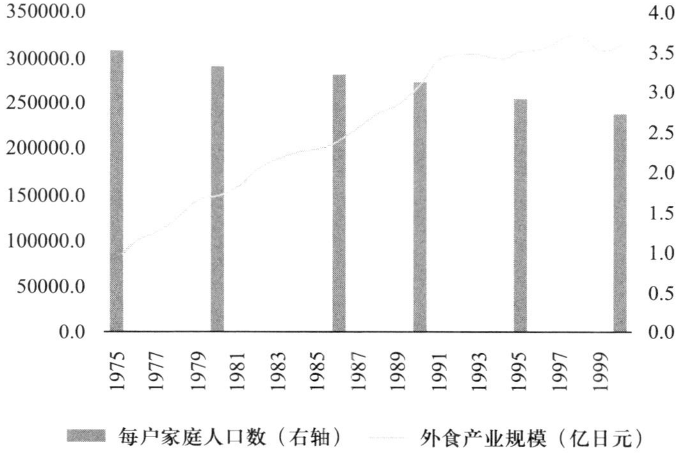

图 2–2　1975—2000 年日本每户家庭人口数与外食产业规模的演变趋势

资料来源：CEIC 数据库；National Restaurant Association（美国国家餐馆协会）。

趋势二：消费需求日趋多元化

如今，人们的餐饮消费不再仅仅局限于吃这一简单的需求。餐饮消费需求正朝着多元化的方向发展，诸如餐间解饿、改善心情、补充营养。因此，对于餐饮企业而言，在保持核心功能的情况下，需要进一步提供新的功能，提高消费者的满意度，从而提高品牌的附加值。

另外，消费时段也呈现多元化。一般来说，人们的就餐时间比较固定。但随着生活、工作节奏的加快，一日三餐的固有就餐习惯也悄然发生了变化。人们的进餐时段不再那么固定了，呈现出一定的不稳定性，什么时候饿了就什么时候吃，人们也会把休闲食品当正餐，想吃就吃的消费需求体现得更加明显。人们餐饮消费时段的多变性、随意性也给很多的餐饮企业提供了市场机会。

趋势三：品牌竞争加剧

品牌对于餐饮企业而言，重要性是不言而喻的。餐饮市场的竞争，最终必将是品牌之间的竞争，谁的品牌力更强，谁就具有话语权，谁就能拥有巨大的市场。品牌竞争加剧表现在以下两个方面。

（1）国外品牌角逐中国市场。中国餐饮市场这个庞大的蛋糕吸引着越来越多实力雄厚的国外餐饮企业不断进入，与此同时，一些国际餐饮品牌带来了很多经营管理理念、运营模式以及品牌打造的经验。

（2）国内品牌快速发展。本土餐饮企业经过市场的洗礼，也在不断地成长与成熟，这促使国内餐饮企业的竞争层次越来越高，餐饮企业都在想办法站在更高的层次上提高自己的竞争力。

随着人们生活水平的提升，人们对餐饮的要求越来越高，人们不仅要吃饱，更要吃好，吃出滋味。很多人都喜欢选择一些名气大的品牌，既能够享受很好的美食，同时也吃得放心。成功的餐饮企业需要拥有强大的品牌力，这才是成功的关键。

趋势四：正餐快餐化，快餐正餐化，食品餐饮化，餐饮零售化

目前，餐饮行业正在向“正餐快餐化，快餐正餐化，食品餐饮化，餐饮零售化”的方向发展。下面我们举例说明。

正餐快餐化的典型——西贝莜面村，将正餐概念下的西北菜以快餐的方式呈现，同时区别于正餐品牌的厚重感，西贝的品牌形象也朝着时尚、年轻的方向打造。

快餐正餐化的典型——桃园眷村，主打油条、豆浆、烧饼，但却通过有格调、简约的装修和诉说情怀的文案，打造成了一家兼容正餐和休闲的网红店。

食品餐饮化的典型——康师傅牛肉面馆，利用康师傅方便面的食品IP，把工业制品转化为新鲜的牛肉面，这样的食品企业可能会是未来餐饮竞争的新势力。

餐饮零售化的典型——海底捞，通过连锁积累品牌势能后，增加了电商渠道，出售火锅底料和自热小火锅产品，进一步扩张了规模，增加了利润。

趋势五：拥抱数字化

餐饮企业的商业手段正日益呈现多元化、新型化的特征，数字化成为企业重要的“基础设施”。

对于连锁餐饮企业来说，数字化的运营决策能力在未来将成为核心竞争力中最不可忽视的一个环节，餐饮行业正在拥抱新的数字化经营主场。例如，海底捞通过数字化运营，全面提升了运营能力。

品牌迅速扩张最直观的体现是终端网点迅速增加，于是供应链就显得尤为重要。要快速实现在目标市场的商业布点，关键在于打造供应链和数字化运营力。覆盖多区域的供应链意味着扩张的有序和有保障，而完整可行的管理和数字化运营力也同样成为打造全国品牌的重要因素，并为最终的做大做强提供了可能。

对于连锁餐饮企业来说，数字化运营覆盖了数字化产品开发、数字化营销、数字化供应链、门店的智能选址、加盟商的智能管理等方面，这些层面将会是连锁餐饮企业制胜的决定性因素。

趋势六：管理精细化

餐饮精细化管理专家卢南认为，新时期餐饮企业要生存下去，必须首先考虑惠及顾客，能够做到这点的企业必须是吃草供奶，吃草是硬功夫，能省则省，最大的着力点就是控制人工成本，这是企业通过努力可以做到的。

餐饮企业的收益模型表明，要想做大做强，就要扩大规模，增强管理能力，减少失控，精细化管理就成为餐饮企业的核心能力。

餐饮行业“大水大鱼”的时代已经过去，粗放式增长不可持续；加上用工制度越来越完善，人工红利退去，时代开始催生市场升级，倒逼餐饮企业前进。过去，餐饮市场向外做增量，未来，要向内要质量。

趋势七：连锁加盟、商场专柜助推快速扩张

连锁加盟模式所带来的利益与强大威力早已被市场证明。餐饮行业连锁加盟模式也正在逐步走向成熟。在餐饮行业，采用直营、连锁加盟模式进行市场扩张的企业有很多，特别是一些标准化程度较高的餐饮企业更是如此，如西贝、蜜雪冰城、百草味、周黑鸭、绝味等。

可以预见，直营、连锁加盟、特许经营与商场专柜将会成为更多餐饮企业所采用的经营模式。

趋势八：品牌特色化

有特色就更具有吸引力。在竞争日益激烈、品牌高度同质化的餐饮市场中，谁的特色更明显，谁的竞争力就更强。特色经营已成为很多餐饮企业吸引消费者的一大手段。除了产品特色以外，品牌特色优势也在餐饮行业的发展过程中起到很大的作用。例如，在奶茶业，有体现品位特色的奈雪的茶，有体现时尚特色的喜茶，有体现国潮文化特色的茶颜悦色，这充分体现了餐饮品牌特色化的发展趋势。

餐饮与传统文化有着天然的密切联系。随着国潮的崛起与创新发展，中国的品牌与产品焕发出了新的生命力，同时在国潮文化的带动与影响之下，中国特色的餐饮品牌得以迅速发展。

国潮的兴起也使得更多地方特色餐饮的名气提升，获得广泛传播的机会，加快了其发展的脚步，而且许多中华老字号也得到越来越多消费者的青睐。国潮热的背后不仅是中国品牌的崛起，更是中国情怀、中国自信的彰显。

趋势九：休闲食品、预制菜成为热点

休闲食品正在逐渐升格为百姓日常生活的必需品。根据中商产业研究院的数据，2016 年至 2020 年，我国休闲食品行业市场规模从 8224 亿元增长至 12984 亿元，年复合增长率达 12.09%。

第七次人口普查数据显示，我国出现家庭小型化趋势，家庭平均人数从十几年前的 3 人变成 2.6 人，中国还有 1.25 亿的一人户家庭。在家庭小型化趋势下，预制菜因有效节省了人力成本、时间成本，正好契合了消费者的需求。有机构统计，2021 年中国预制菜市场规模超过 3000 亿元，预计 2022 年至 2026 年预制菜行业的增速在 20%~30% 左右，未来 3~5 年，中国预制菜市场有望发展成为下一个万亿元食品市场。

总之，随着经济的发展和消费水平的提高，消费者对休闲食品、预制菜数量和品质的需求将不断增加。

2.2 中国餐饮品牌需要迈过的十道坎

要打造成功的餐饮品牌，需要开展系统的战略规划，有效地整合社会资源。具体来说，餐饮品牌要跻身卓越品牌的殿堂，需要迈过以下十道坎。

第一道坎：应对人口结构与消费趋势的变化

德鲁克认为，要想知道一个企业是什么，必须从理解企业的目的开始。企业的目的必须存在于企业本身之外。事实上，企业的目的必须存在于社会之中，因为企业是社会的一部分。企业的目的只有一个适当的定义：创造消费者。

在当前国内人口老龄化加速，人口出生率持续走低，Z 时代消费人群崛起的背景下，餐饮企业需要挖掘消费者在口味、食材、价格等方面的需求或潜在需求，然后制定有针对性的经营策略。

第二道坎：应对产业结构的巨大变化

当前，我国餐饮产业结构的变化体现在以下几个方面。

产业形态层面："研、产、供、销"一体化逐步发展完善，例如，绝味、蜜雪冰城等头部细分品牌构筑了产业链整合壁垒。

商业形态层面：餐饮行业未来将呈现小店大连锁和大店体验化两个趋势。互联网提高了企业效率，通过外卖，加速了小店的扩张。很多小而美的小店餐饮品牌要想形成规模化、大体量，就必须大连锁布局。同时，大店体验化将成为高质量消费的新趋势。

空间形态层面：在国内各区域出现了餐饮龙头企业。餐饮企业“走出去”的国际化进程加速，国外中餐消费市场的发展空间巨大。

时间形态层面：我国餐饮行业经历了 2018 年、2019 年的低速发展，遭遇了三年的新冠疫情，淘洗了很多微小、弱势的餐饮品牌，呈现出强者恒强的马太效应，例如海底捞、乡村基、老乡鸡等品牌日益强大。也有的餐饮企业重新厘清了发展的未来，例如：喜茶之前局限于直营店的发展模式，现在逐渐尝试发展加盟店；之前对资本不屑一顾的西贝莜面村，也改变了先前的看法，开始拥抱资本。

第三道坎：企业家提升认知，与时俱进

人们常说，人和人之间最大的差别，就是认知。你的认知水平，决定了你会做出什么样的决定，采取什么样的行为，从而得到什么样的结果。

华为前领导力负责人刘金伟认为：“一个人的能力取决于他的认知，没有在这方面的认知，就无法构建这方面的能力。很多老板或一把手，突破不了困境，别人也帮不了他，因为他认知不够。”

毋庸置疑，对于每个渴望成功的创业者、企业家而言，除了需要天时、地利、人和的条件外，更需要提升认知，因为认知能力是解决一切问题的关键。因此，所谓的成功、成长，其实是认知所带来的结果。企业家要想不断获得成功，就需要提升认知，与时俱进。

第四道坎：规划战略远景

伟大的企业源于伟大的愿景，一个企业如果没有战略远景和发展目标，那它就有可能在原地踏步，停滞不前，甚至在竞争日益激烈的市场中被淘汰出局。方向大于方法，对于企业而言，自身真正的法宝是战略。战略决定方向，执行决定实效。对一个企业来说，不仅要注重执行，更要在战略层面上有一个清晰的规划。

在各地市场发展情况各异，市场环境也不相同的情况下，企业必须从战略的高度去综合考量，制定有针对性的策略，因地制宜，因时制宜，因企制宜。不得不指出的是，很多餐饮企业经营者往往由于对企业所处行业的本质了解得不够深入、不够透彻，从而难以制定清晰、科学的战略发展目标。

另外，由于很多企业都有“短期利益近视症”，片面地追求利润最大化，不注重打造自己的竞争优势，不注重从长远的角度来规划品牌发展，因此往往会错失市场发展的良机。仔细分析起来，中国餐饮企业在战略规划中容易出现以下问题。

第一，品牌缺乏系统规划，没有明确的发展目标。

第二，市场运作的随意性比较大，只关注眼前得失，不看未来发展。

第三，对市场和竞争环境的认识不全面、不透彻，市场定位模糊。

第四，战略部署无章法、无计划、无方法。

第五，即使有了战略规划，也难以得到执行，战略与执行脱节。

第五道坎：强化品牌建设

不是所有的品牌都是名牌，不是所有的品牌都具备品牌力。打造卓越的品牌，是要让自己与众不同，不可复制或难以复制，成为消费者心智中的唯一品牌。

随着消费者需求的升级和市场竞争的升级，餐饮市场的竞争最终是品牌的竞争。近年来，国内的很多餐饮企业逐渐具有了品牌塑造意识。但是，有不少企业对于品牌建设还停留在观望阶段，总是抱有“先干起来，品牌打造下一步再说”的心理。

同时，即便是有品牌信仰的餐饮企业，也没有发挥组织协同效应，不能从上到下真正地贯彻品牌观念，品牌不能真正地深入到市场层面，致使餐饮品牌的竞争力无法真正体现，企业在市场竞争中逐渐迷失，最终不得不亏损闭店。

第六道坎：打造全方位的创新力

随着竞争的加剧，中国餐饮企业跨越到了一个追求效率和创新的时期。对于餐饮企业来说，创新力的大小决定了企业未来能走多远。

餐饮行业是制造美味的行业，产品力是一个餐饮企业立足市场、持续发展的根本与基础，产品的创新是产品力最直观的体现，缺乏产品力的企业很难存活，也就谈不上进行市场扩张。对于餐饮企业而言，一个单品可以成为爆品，带动门店整体销售，支撑企业的发展，例如麦当劳、肯德基、云海肴等企业，就是打造爆品的成功企业。

关于创新，德鲁克曾深刻地指出，创新并非聪明的创意或发明，也并非科技方面的改进，是否存在创新要看是否为顾客创造出新的价值。

第七道坎：提升团队的作战能力

团队对于企业的重要性是不言而喻的。我们常说，企业的成功等于战略乘以组织。团队是企业组织最大的资源，也是企业的动力系统，在很大程度上决定着企业的存续和发展。对于身处买方市场的餐饮企业来说，要想在行业的同质化竞争中脱颖而出，不被时代抛弃，必须重视组织建设与能力提升。当前很多餐饮企业销售乏力，品牌力弱，其中非常重要的原因就是企业缺乏团队协同能力。

在竞争激烈的市场中，餐饮企业必须提升团队的协同作战能力，适应市场竞争，增强竞争优势。尤其是传统中小型企业，应建立健全企业组织，培育组织协同能力，打造一支过硬的队伍，这也是实现转型升级、持续发展的必然路径。

第八道坎：精细化管理

美国布鲁金斯研究所研究指出，公司创造价值的机会，正在由管理有形资产转移到管理以知识和能力为基础的无形资产，如品牌、顾客关系、员工的能力和激励、高质量和快速响应的运营流程、信息技术和数据库等。而对于这些无形资产，就需要进行精细化管理。

中国餐饮企业经过十多年的快速发展和新冠疫情的淘洗，已经进入一个精细化管理时代。主要表现为：从“弱管控”到“强管理”，例如对产品、菜单的管理；从对活动促销的管理到对人效、坪效、品效的管理，以及对资金流的管理。

纵览麦当劳、肯德基、星巴克等国际餐饮品牌，其利润率和周转率远远高于中国餐饮企业，它们的管理经验和创新值得我国餐饮企业学习。

在当前餐饮市场竞争越来越激烈的背景下，餐饮企业要保持高利润、高周转，有两条路可以走：第一条路是提升管理水平，通过提升管理水平使企业从低利润、低周转向低利润、高周转转移；第二条路是创新，通过创新使企业从低利润、低周转向高利润、低周转转移（见图 2–3）。

当然，企业若能同时做到提升管理水平和创新，则会使企业实现利润与周转的双高升。从本质上讲，重点仍然是提升管理水平，因为如果企业的管理水平不高，是很难实现好的创新的。

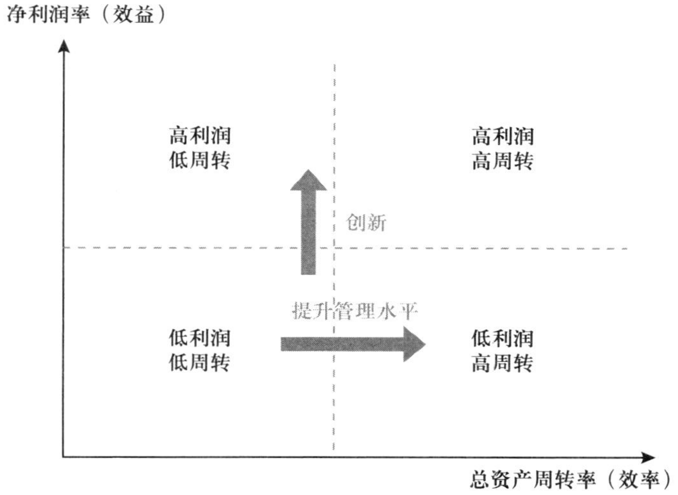

图 2-3　餐饮企业实现高利润、高周转的路径

第九道坎：整合多方资源

在餐饮行业，一些企业受到规模、盈利模式的限制而面临融资困难，而一些企业虽然发展到了一定程度，也有一定规模，但还是抱有不借钱的传统观念，大有将自力更生的精神发扬到底的姿态。例如，西贝董事长贾国龙曾言，不上市，不用资本的钱，但当遇到新冠疫情，业绩下滑之后，他改变了对资本的看法。

每个企业都有不同的定位和发展目标，单靠自身力量发展也无可厚非。但笔者必须要指出的是，时代在变，市场在变，竞争在变，从一定意义上来说，如果一个企业在可以利用社会资源的情况下，不愿意或者是不敢放开手脚去整合社会资源，则有可能失去更多的发展机会。

第十道坎：打赢“四大战役”，从区域走向全国、奔向世界

就目前中国的本土餐饮市场而言，大多数的品牌都还面临着如何做大做强，如何从区域走向全国，最终成为全球性品牌的问题。企业做大做强涉及品牌迅速扩张的问题，众多企业的成功告诉我们，基于区域市场的根据地建设，以及快速复制，是打赢“四大战役”，突破区域、走向全国、奔向全世界最为行之有效的方法。

餐饮企业由小变大、由弱变强所必须经历的“四大战役”具体如下。

- 一亿战役

第一场战役是多卖货，打通终端模型，关键词是产品结构、产品爆卖、资源蜂至。在某个品类某个品牌上聚集营销势能，形成一定的品牌声量。

- 十亿战役

第二场战役是品牌立业，打造供应链模型，关键词是品牌立业、品质管控、成本优势、渠道下沉。在某个品类某个品牌上打通研、产、供、销链条，形成一定的品牌势能。

- 百亿战役

第三场战役是多赛道，打通品类龙头模型，关键词是规模路线、多品牌经营、效率壁垒。基于研、产、供、销链条的积累，横向延展到多品牌、多品类，形成基于人群或基于品类的品牌矩阵，在研、产、供、销积累一定的规模优势。

- 千亿战役

第四场战役是升维度，构建产业龙头模型，关键词是产业经营、二次产业、平台服务、人才生态。基于品牌矩阵去做产业链延展、数字化升维，盘活多赛道的研、产、供、销资源与能力，实现企业商业模式的跃升和翻转。

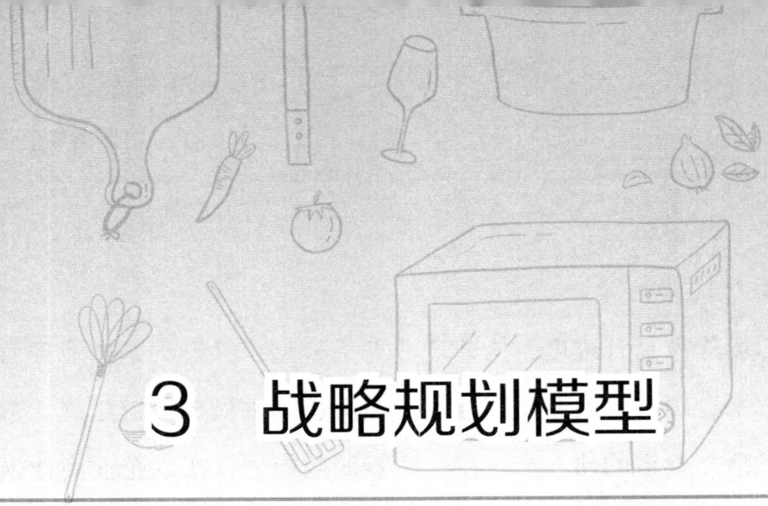

3 战略规划模型

笔者认为，连锁餐饮企业在战略规划中要用好 ECIRM 模型、企业战略菱形模型两个模型。下面对这两个模型进行详细介绍。

3.1 ECIRM 模型

ECIRM 模型是和君咨询在对中国商业原生态下各类企业进行系统研究和咨询服务的基础上总结提炼出的。ECIRM 模型由五个核心要素构成：一是企业家要素（Entrepreneur，E）；二是资本要素（Capital，C）；三是产业要素（Industry，I）；四是资源要素（Resource，R）；五是管理要素（Management，M）。五项要素共同耦合成为一个以企业家精神和企业家能力为核心的公司战略模型，构成从战略上系统解析一家企业的五个基本维度。

ECIRM 模型表明，优秀企业在以下五个方面有着高度的一致，即：①优秀的企业家；②良好的资本信誉和可持续的、大容量的、高效率的资本通路；③市场规模巨大和行业赢利能力不俗的产业位置；④良好的甚至是独占性的产业资源；⑤足以成为世界范围内企业标杆的优秀管理。

ECIRM 模型显示，一个企业有多大的发展前途，取决于 ECIRM 战略版图里每个要素的量级和品质，包括五个要素之间的适配性，五个要素在各自改进和发展过程中的彼此协同性，五个要素构成的企业整体作为一个系统对外部经济环境演变的适应性。

3.1.1 ECIRM 模型下四类公司分析

根据 ECIRM 模型，可以将各类企业分为以下四个基本类型。

一是产业型公司。产业型公司以产业为立足点，基于产业链整合或生态链打造而制定、实施战略和发育组织功能，以通过产业整合创造价值作为核心逻辑。

二是资本型公司。资本型公司以资本为立足点，基于金融理念、投资运作和并购整合而制定、实施战略和发育组织功能，以通过资本运作创造价值作为核心逻辑。

三是资源型公司。资源型公司以资源为立足点，基于资源的获取、占有和运营而获得成长，以形成特定的资源优势作为核心逻辑。绝大多数企业都属于资源型公司，依托某个或某些方面的资源优势而获得一时成长，但由于特定资源的不可持续性，在后期发展上会出现明显分野。

四是管理型公司。管理型公司以管理为立足点，基于商业模式创新和管理体系打造而制定、实施战略和发育组织功能，以通过组织和管理创新创造价值作为核心逻辑。

3.1.2 不同类型公司的不同成长路径

四类公司在 ECIRM 模型框架下呈现出不同的成长路径：产业型公司和资本型公司呈现“顺时针”方向的成长路径，而资源型公司和管理型公司则呈现“逆时针”方向的成长路径（见图 3–1）。

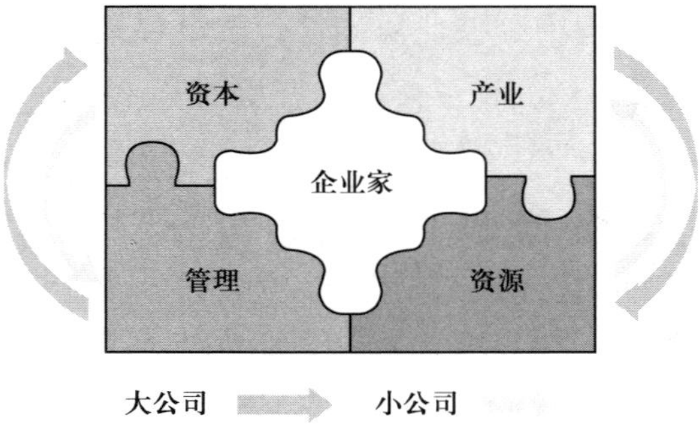

图 3-1　不同类型公司成长路径示意图

产业型公司呈现“产业—资源—管理—资本”的战略逻辑和成长路径：由产业出发，基于清晰的产业定位进行产业资源的获取、重组和整合，进而在产业整合和产业创新的基础上发育管理体系和组织能力，最终嫁接资本市场，放大资本功能，形成产融互动，如此形成一个正向闭环，循环往复，生生不息。

资本型公司呈现“资本—产业—资源—管理”的战略逻辑和成长路径：由资本出发，首先分析研究、寻找和确立所投资的产业谱系，继而基于产业谱系进行产业资源的获取、重组和整合，最终在融资模式创新和产业投资能力的导向下发育管理体系和组织能力，如此同样形成一个正向闭环，循环往复，生生不息。

资源型公司呈现“资源—产业—资本—管理”的战略逻辑和成长路径：由资源出发，首先分析研究、寻找和确立自己的产业方向和产业定位，致力于形成在特定产业内的优势地位，继而以此嫁接资本市场，放大资本功能，创造合理市值，而最终必须落脚到构建和发育自身独特的管理体系和组织能力上。如此，资源型公司方能实现战略成长和突破，走出更大的格局和循环。

管理型公司呈现“管理—资源—产业—资本”的战略逻辑和成长路径：由管理出发，基于独特的商业模式创新和组织管理能力，首先致力于获取和形成自己的资源优势（包括显性资源和隐性资源），继而在占有和掌握资源的基础上强化产业地位，凸显产业价值，最终凭借产业优势嫁接资本市场，放大资本功能，创造合理市值，实现管理归位。如此，管理型公司才能实现战略成长和突破，走出更大的格局和循环。

3.2 企业战略菱形模型

企业战略是企业为解决某一社会问题，甚至是某一类具体的顾客问题而制定的。企业根据顾客的问题，制定企业的经营使命，并根据经营使命制定企业的业务战略。

因此，基于对顾客问题的定义级洞察，洞察消费趋势，发现市场机会，是战略规划的首要问题。其次才是提出与顾客问题一致的原理级解决方案，制定业务战略和匹配相应的经营活动。那么，企业战略分为确定顾客问题、使命与愿景定位、业务战略定位与匹配经营活动四个维度，它们构成企业战略菱形模型的闭环（见图 3–2）。

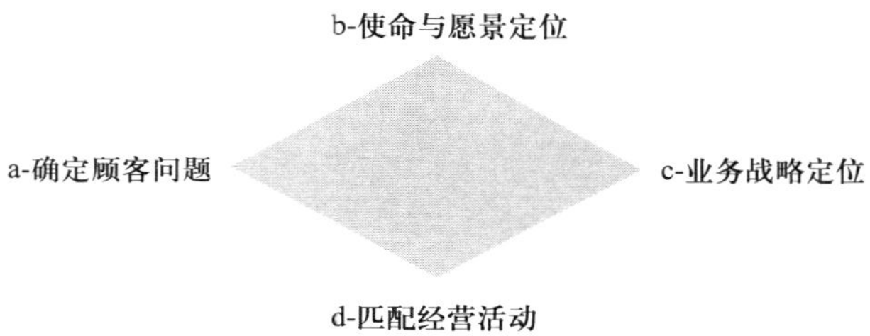

图 3–2　企业战略菱形模型

3.2.1 确定顾客问题

彼得·德鲁克认为，企业是社会的器官，要为社会解决问题。一个社会问题就是一个商业机会，一个巨大的社会问题就是一个巨大的商业机会。企业之所以存在和发展，是因为企业对社会有用，是因为企业提供的价值能帮助顾客解决问题。

确定顾客问题，首先要开展定义级洞察，分析顾客需求（顾客核心利益）是什么，并以此为基础确定顾客。

要了解顾客需求，需要进行系统的调研和分析。调研并不一定是采用问卷的形式，更多时候是深入顾客，从需求诞生、寻找解决方案、购买、使用和评价等出发，了解整个顾客旅程地图。在顾客旅程地图中，顾客现在还有哪些问题尚未解决，哪些地方的效率比较低且可以优化，那么这些就是企业需要做的事情。

顾客需求有很多种类，有些顾客明确知道自己有什么需求，而且知道很多种解决方案，这是顾客可感知的需求。例如Z世代人群，他们更愿意为兴趣买单，敢赚敢花，悦己至上，为吃一顿超体验的火锅可以毫不犹豫，并喜好线上外卖点单，这部分消费者将为餐饮需求端带来新的变化。还有一类顾客需求是德鲁克说的“未被感知的顾客需求”。因此，企业要创造顾客就不能停留在了解顾客现有的需求上，而要更进一步发现顾客的新需求。

顾客需求一直在变化，但是衡量顾客需求变化的大多数指标却没有发生变化，或者需要很长时间才会发生变化。比如需要更高的效率、更快的配送速度、更多的选择和更低的价格等是顾客需求方面的基本指标，几十年不会变。而抓住这些指标去思考解决方案，更有可能为顾客带来意外惊喜。

3.2.2 使命与愿景定位

企业使命是企业对自身和社会发展所做出的承诺，说明了企业存在的理由和依据。企业使命的定位，说明了企业为什么而存在，解决的是企业发展动力的问题。企业愿景是企业发展的理想与宏图，代表着企业的远大战略意图，凝聚着企业的内部共识，同时也影响着企业资源的内部整合和有效分配。企业愿景的定位，旨在明确企业发展的方向性问题，影响着战略目标和价值追求的设定。当我们发现了顾客问题，洞察到市场机会时，我们就要确立企业的使命与愿景。

中国有很多企业家、管理者认为使命与愿景是虚头巴脑的东西，没有什么更大的价值。其实，这是对使命与愿景最大的误解。使命与愿景对于企业最大的作用就是帮助企业家、管理者“定心”，建立战略定力。

有的企业受到外部各类市场机会的诱惑，突破企业所在的行业，盲目追求多元化经营。有的企业在转型升级的过程中，全员不能上下一条心，迷失了方向。企业出现以上这些问题，归根结底是使命与愿景出了问题，让企业家、管理者心乱而不定，以致不能指引企业前行。

俗话说：“不忘初心，方得始终。”这个初心其实说的就是使命与愿景。

笔者在给企业做战略咨询时，发现企业家、管理者遇到的最大问题并非事情本身，而是心不定。导致他们心不定的原因是，他们不知道或者不确定自己所追求的最终目标。所以，我们给企业做战略咨询时，首先要给企业家、管理者做“定心”的心理咨询，让他们建立起战略定力。正如国学经典《大学》教导我们的七个修证境界：“知、止、定、静、安、虑、得”。即：“知止而后有定，定而后能静，静而后能安，安而后能虑，虑而后能得。物有本末，事有终始。知所先后，则近道矣。”

这段话的大意为：“知道要止于至善的最终目标，然后志向才能有定；志有定向，然后才能心不妄动；心不妄动，然后才能安于目前的处境；安于目前的处境，然后才能虑事周详；虑事周详，然后才能达到至善的境界。天下万事万物都有本和末，有始和终。能够明了万事万物本末始终的道理，知道做事的先后次序，就接近于大学之道了。”

成功从来不是一蹴而就的，而是循序渐进的坚持不懈，还有坚守一心的孤独前行。要想成就一个伟大的企业，就要明白企业本末始终的道理，遵循企业的发展规律，要有使命、愿景和坚定的信念。德鲁克也曾经说过：“驱使企业前行的是企业家的价值理念。”这个价值理念就是使命与愿景。

3.2.3　业务战略定位

明确了使命与愿景之后，就要了解所处行业的生命周期，然后系统规划业务战略，包括业务结构、产品组合。

行业的生命周期可分为四个阶段，即幼稚期、成长期、成熟期、衰退期。行业的发展阶段决定了企业进入该行业的门槛和难度。在分析行业生命周期时，我们既要考虑大的行业，也要研究大行业下的细分行业。

例如，2020 年餐饮行业有约 4 万亿元的产业规模，其中早餐的市场规模大约是6000亿元，而包子品类的市场规模大约是600亿元。经过分析，我们归纳了包子品类的知名品牌，有早餐属性较强的巴比、早阳肉包、三津汤包、老台门汤包，还有湘十二。从销售规模来看，包子品类处于成长期，包子的客单价低，能满足最广泛人群的餐饮需求，但该品类在规模化、品牌化方面还有很大的成长空间。

深入了解了行业生命周期后，下一步就是规划业务结构，确立企业开展什么业务，以及在哪个领域开展业务。例如我们要进入卤味市场，是开店，还是进入商场超市，还是将熟食包装后在电商销售，还是以预制菜的方式销售给终端的商家、服务B端，以上几种方式是聚焦一种，还是几种同时开展，这些都是业务结构层面需要思考的。在卤味市场，同样是卖鸭脖，绝味以开加盟店为主，周黑鸭以直营店为主。

接下来是构建产品组合，产品组合要有主次，有层次，满足食客的多样化需求。例如，绝味鸭脖以招牌鸭脖为核心，同时包括招牌鸭锁骨、招牌鸭翅、招牌鸭食管、招牌鸭肠、招牌凤爪、招牌鱿鱼、招牌毛豆、招牌土豆、酸辣藕片、招牌海带结、黑鸭香干、招牌豆皮等，构建了以鸭类为主、其他卤味为辅的产品组合。

对于成熟的企业，同时要考虑以下问题：应该进入或者退出哪些业务范畴；哪个业务单元应该积极推进或者保守发展；应该强化或者弱化哪个业务单元的投资力度。无论是退出还是积极推进，都是战略选择。

至于选择什么样的业务结构、产品组合，笔者认为应以市场效益为中心，从需求与竞争两个维度综合考量，同时，要看内部优势与外部趋势，只有这样才能制定出好的业务战略。

3.2.4 匹配经营活动

产业社会唯一正确的原则是效率原则，效率源自企业的经营活动，如何提高效率，是产业社会中企业经营活动的核心。

迈克尔·波特认为，战略不是选择一个定位，而是选择一组独特的经营活动。波特将独特的经营活动上升到战略的高度，其重要性不言而喻。

企业的经营活动是企业对外产品或服务价值输出、组织推进流程与顾客关系建立的总称，具体落实在战略、组织、人力以及企业文化等之中。

对于连锁餐饮企业来说，其经营活动包括企划、产品研发、营销、毛利控制、货物管理、线上营运、网站管理、口碑管理、人员训练、绩效管理、菜单管理、风险管理等，还包括制定阶段性目标、分解计划、增长计划、菜单计划、品牌升级计划等。

处于“一亿、十亿、百亿、千亿”不同规模的连锁餐饮企业，应基于价值链、供应链、产业链乃至生态链的系统效率构建而匹配独特的经营活动，这是提高企业系统效率的关键所在。

效率是企业的生命线，产业社会中企业提高效率的核心是找到经营活动的关键决胜点。对于连锁餐饮企业而言，无论处于“一亿、十亿、百亿、千亿”哪个规模层级，都必须把“提升营销效率、提升品牌效率、提升供应链效率”的活动作为关键的独特经营活动来抓。

营销是企业的基本职能，提升营销效率是第一个关键经营活动。对于连锁餐饮企业而言，必须将营销工作落到实处。例如，以传统营销 4P

来开展落地工作，对于产品如何研发、价格如何制定、渠道如何规划、推广如何做等，都要有周密的计划和部署。

品牌是未来竞争的核心要素，提升品牌效率是第二个关键经营活动。市场竞争包括产品竞争和品牌竞争两个层级，连锁餐饮企业的市场竞争必然会走向品牌竞争。产品是物质形态，消费者购买的不只是产品，还购买承诺的物质和心理利益。品牌是产品的牌子，是用来与消费者沟通的媒介，能带给消费者一种体验，是消费者购买的心理利益。对连锁餐饮企业来说，品牌如何定位人群，如何定位品牌价值，以及如何构建消费者的心理价值等，这些都需要梳理清楚。

供应链是企业的坚实后盾，提升供应链效率是第三个关键经营活动。供应链是连锁餐饮企业的基本盘，它的价值效率体现在成本、品控、供应保障等方面。供应链打造需要降本增效一起抓，助力企业构建高效的价值链。例如：企业通过介入种植与生产过程，获得成本优势；通过工艺聚焦与规模化采购，实现品质管控；通过集中供应、数字化与产业集群化的协同经营，实现货源稳定、供应充足，最终达到供应链效率最优。

4 产品战略

4.1 产品战略是餐饮企业的战略起点

产品是餐饮企业解决顾客问题的价值形态，产品战略就是餐饮企业的战略起点，没有产品，餐饮企业就不存在。产品组合和产品结构，决定着餐饮企业的成功概率和营销投资的效果。

4.1.1 打造产品组合

餐饮企业要规划好形象产品（招牌产品）、走量产品（快马产品）、利润产品（金牛产品）的产品组合，形成稳定的产品矩阵。

首先要集中力量打造招牌产品。俗话说：“火车跑得快，全靠车头带。”畅销的招牌产品就是餐饮企业的“火车头”，对于引流拉新、打响品牌，以及带动其他产品的销量都至关重要。例如，永和的豆浆，麦当劳的巨无霸汉堡、薯条，肯德基的炸鸡等，就是此类产品。招牌产品代表着企业的生命力，解决餐饮企业的生存和发展问题。

其次要打造快马产品。这类产品是产品矩阵中销量最大的产品，但是价格不高，利润较薄。从消费者的角度来看，快马产品的性价比较高。餐饮企业可以通过打造快马产品来最大限度地获得流量。

最后就是打造金牛产品。虽然这类产品的销量不是非常亮眼，但销量稳定，利润率很高。例如，肯德基的咖啡、可乐、牛奶饮品就是此类产品。

德克士的产品组合

德克士凭借咔滋咔滋的脆皮炸鸡，在竞争激烈的西式快餐市场上占据一席之地。德克士不仅拥有招牌产品脆皮炸鸡，其他汉堡、小食、饮品等也有着各自的功能定位，从而构成了完整的产品组合。

形象产品：金黄、皮脆、肉嫩、多汁的脆皮炸鸡是德克士最有标志性和竞争力的产品。德克士先后推出了脆皮手枪腿、辣味脆皮炸鸡，打造了脆皮炸鸡 2.0，并且推出了“一桶都是腿”，深受顾客喜爱。

走量产品：包括汉堡、鸡肉卷和米饭等，主要是满足顾客吃饱的需求。

利润产品：包括小食、甜品、柠檬饮、有机咖啡等，这些产品主要是为顾客解腻解馋，是顾客的自我犒赏品，同时也是门店的高利润产品。

资料来源：根据网络资料整理得到。

餐饮企业打造产品应遵循以下三个原则。

第一个原则：产品一定要好吃，具有“上瘾性”

糖、油、辣椒素、咖啡因、酒精等都是上瘾因子，具有这些因子的食品更容易为消费者选购，从而给餐饮企业带来更大的收益。例如，小小的鸭脖行业出现了市值500亿元的公司，就是因为鸭脖产品让人产生了非常强的记忆性和上瘾性。又如各种甜品、咖啡产品，也是通过上瘾因子来吸引消费者的。

第二个原则：产品一定要独特

奈雪的茶通过独特的产品引领新式茶饮的时尚。奈雪的茶在诞生之初就将自己的目标受众定位为20~35岁的年轻女性，通过“萌趣”“治愈”“少女心”等贴近女性的元素，以高颜值的产品，塑造现代时尚的品牌个性，吸引消费者的注意力。

（1）创新产品模式，形成品牌特色。奈雪的茶通过“茶 + 软欧包”的创新模式，让消费者看见了一个不同于其他品牌的结合模式，给人以全新的体验。

同时，奈雪的茶还会在不同的季节推出限定产品，以满足消费者求新求奇的需求，增加消费者与品牌之间的黏性。

（2）独特的产品设计，给消费者带来视觉与味觉的双重享受。例如奈雪的茶推出的“霸气红石榴”，在极大程度上保留了石榴原本的颜色，有着清甜的果味与爆汁的果肉，从而带给消费者极致的视觉和味觉体验，给消费者留下了深刻的印象。

第三个原则：产品一定要有稳定、便捷的供应链

餐饮企业一定要构筑供应链壁垒，这样才能拥有核心竞争力，如果没有供应链壁垒，产品就会迅速被人抄袭，很难形成爆品。供应链壁垒主要从原材料和技术设备方面建立。例如，云海肴为了实现汽锅鸡量产，提前一年开起了养鸡场，养起了鸡，汽锅的研发也花了一年时间。

4.1.2 精简产品结构

餐饮企业的产品结构不宜太复杂，产品不宜过多，力求精简。对于一家轻量的餐饮店来说，通常以10~20个产品为最佳数量。例如，西贝莜面村用几年时间把上百个单品减少到二十几个，喜家德水饺只有十几个产品，从而逐渐构建了自己的核心能力。对于初创餐饮企业或小型餐饮企业而言，其产品结构更需要简单，哪怕只有一两个产品，做到极致，也会形成品牌力，带来大的销量。

在企业管理中，结构效率大于运营效率。对于餐饮企业而言，产品的结构效率决定运营效率，因而餐饮企业需要在产品结构上下功夫。合理的产品结构不仅会让消费者快速点单，减少消费者的选择性迷茫，而且降低了餐厅的管理难度，加快了出餐速度。

4.1.3 持续焕新产品

由于顾客与市场时常在变，餐饮企业不能“一招鲜，吃遍天”，需要不断推出新品，这样才能保持餐饮企业的活力。即使像麦当劳、肯德基这样的国际品牌，也会不定期推出新品。同时，它们到了不同的国家，会根据饮食差异而创新产品。

餐饮企业进行产品焕新时，通常需要满足以下三个条件：

第一，通过多种渠道掌握了行业和自身的信息线索；

第二，掌握了市场趋势与动向，有明确的用户画像，对客户群体有深刻的认知；

第三，拥有一套思考模式和方法，能够迅速在掌握的信息线索与顾客需求之间建立联系，从而形成能够解决某种顾客问题的方案。

基于上述三个条件，笔者提出了产品焕新三步法。

第一步：洞察目标顾客，挖掘顾客需求。

第二步：整合原材料，开发具有独特口味的产品。

第三步：命名直指产品特点。

对于连锁餐饮企业来说，要想牢牢抓住消费者的心理，就要不断推出爆款新品。在推新品方面，奈雪的茶是具有代表性的茶饮品牌。2021年，奈雪的茶陆续推出新品80余款（茶饮+烘焙+咖啡），通过不断创新，突破新茶饮行业产品同质化的问题。下面我们以奈雪的茶为例，介绍产品焕新三步法的实际应用。

第一步：洞察目标顾客，挖掘顾客需求。

新茶饮市场的主力消费人群是年轻人，他们追求个性和时尚。在他们看来，一款饮料好不好，归根结底在于是否拥有与众不同的口感。

第二步：整合原材料，开发具有独特口味的产品。

奈雪的茶在全世界范围内寻找开发新品的原材料，最终锁定很多女性的最爱——车厘子，将其与茶饮结合，经过品种的筛选以及与茶的不断调配，推出一杯顶部满载8颗精选双J车厘子与醇香火炬奶油的新式茶饮，深受顾客喜爱。

第三步：命名直指产品特点。

命名就是召唤，命名就是指令，命名就是连接顾客与产品的纽带。因此，产品的命名应直接、清晰、明确地传达产品的特色，契合目标顾客的心智语言。

奈雪的茶将这杯顶部满载8颗精选双J车厘子与醇香火炬奶油的新式茶饮，命名为“霸气火炬车厘子”。该命名创造了新的消费体验，让顾客觉得值得回忆，乐于谈论。“霸气”的新产品，最终带来了“霸气”的新销量。

4.2 产品价格——定价定未来

定价定未来，产品价格反映了企业预期的产品或品牌价值，影响企业的成败。

价格是市场营销组合的一个因素，并且它是唯一能带来收益的因素，而其他的市场营销组合因素则产生成本。产品与价格互为一体，产品是价格的基础，价格是产品的价值体现。价格附属在产品之上，价格结构应当契合产品结构，将产品的价值充分体现出来，满足顾客需求，同时获得利润。

定价是一门科学，也是一门艺术。

说定价是科学，是因为定价要符合餐饮企业盈利的收益算法，要确保既有竞争力，又能实现盈利。这就需要根据人效、品效、坪效来核算盈利产品的销量，设计价格组合。可以根据产品组合，即形象产品、走量产品、利润产品，规划三种不同的价格组合。

说定价是艺术，是因为定价要契合顾客的心理，遵循马斯洛需求模型。根据不同的需求层次，可以制定不同的价格，例如，对满足生理、安全需求的产品制定低价格，对满足自我实现需求的产品制定高价格。

餐饮企业的定价方法有很多，例如成本导向定价法、竞争导向定价法、需求导向定价法、套餐定价法、组合定价法、定时折扣定价法、尾数定价法、促销折扣定价法、拆零定价法、第二杯半价法、地点定价法等，这些都值得我们学习和借鉴。对于餐饮企业而言，如何让消费者感到好吃不贵，则是成功定价的关键。

关于具体的定价方法，笔者不做具体的讨论。笔者要说明的是，定价是价值输出的结果，而非原因。餐饮企业在定价时要遵循兰切斯特法则，与强者保持差异，同时思考在哪些关键因素上发力，集中兵力取得突破，获得定价权。

笔者提炼了影响产品定价权的三大因素。

第一个影响产品定价权的因素是是否成为品类品牌。

根据兰切斯特法则，当企业成为行业中的品牌领导者时，就获得了定价权。例如，麦当劳、肯德基、海底捞等都是行业内的品牌领导者。

从迈克尔·波特的五力模型来看，供应商的议价力、顾客的购买力以及竞争品牌等多种因素都会影响产品的定价。在多方博弈中，企业要获得定价权或议价权，最为重要的就是形成品牌。

笔者在前面提出了品牌五大原理，其中品牌溢价原理给我们的启示就是：成为差异化显著的知名品牌，就能获得品牌高溢价，通过高溢价掌控定价权。

顾客在选择餐饮企业的时候，遵循“品类思考，品牌表达”的规律。餐饮企业要获得定价权，最为重要的是成为某餐饮品类的领导者，在餐厅的名字与某品类之间建立一对一的联想，直至成为该品类的代言人。

例如，麦当劳等于西式快餐，肯德基等于炸鸡，达美乐等于比萨。这些品牌代表了某个品类，从而获得了在该领域的定价权。

同样，中国餐饮品牌也有成功的代表，它们在与国际品牌的竞争中获得了自身的市场地位。例如，尊宝比萨等于比萨，华莱士等于全鸡汉堡，正新鸡排等于炸鸡排。

我们会发现，同一个餐饮品类，国内餐饮品牌的产品售价远低于国际品牌，这主要是因为国内餐饮品牌起步晚，大多数走的是跟随路线。同时，还有一个很重要的原因是产品自身特色不足，易与国际品牌同质化，这就涉及定价权的另一个影响因素——产品的稀缺性。

第二个影响产品定价权的因素是产品的稀缺性。

市场这只无形的手通过供需关系来调节价格。稀缺性不仅是经济学讨论的重要课题，更是企业为获得定价权需要思考的重要议题。稀缺的产品、稀缺的服务总是深受顾客的青睐，于是，供给稀缺，需求旺盛，价格就随之上升。

俗话说，物以稀为贵。对于餐饮企业而言，应着力通过差异化思维进行产品创新，创造“人无我有”的独特、稀缺的产品，获得新产品的定义权、解释权，从而获得定价优势，掌握定价话语权。

例如，喜茶通过独特的产品塑造稀缺性，获得定价权。喜茶独特的产品有芝士茗茶、当季限定、莓莓芒芒家族、满杯水果家族、波波家族、茶冰淇淋、茶极客限定、喜茶热麦、喜茶实验室等。2021 年，在原有经典产品的基础上，喜茶继续推出了多款优秀产品，获得消费者的喜爱，并逐步成为喜茶的“新经典”。

第三个影响产品定价权的因素是产品的成本。

在与强势餐饮品牌较量时，很多弱势餐饮企业选择的都是低价策略。然而，低价格意味着低利润，餐饮企业要想获得高利润，就必须降低成本。

餐饮企业要降低成本，可以简化产品结构，打造大单品，通过最大化地销售单品实现规模化采购，获得采购成本优势，也可以从种植、集采等方面构建供应链，获得生产成本优势。

例如，蜜雪冰城从种植、集采、物流方面打通了供应链，获得了巨大的成本优势，其以 2 元的冰激凌、4 元的奶昔饮品，让竞争者望尘莫及。

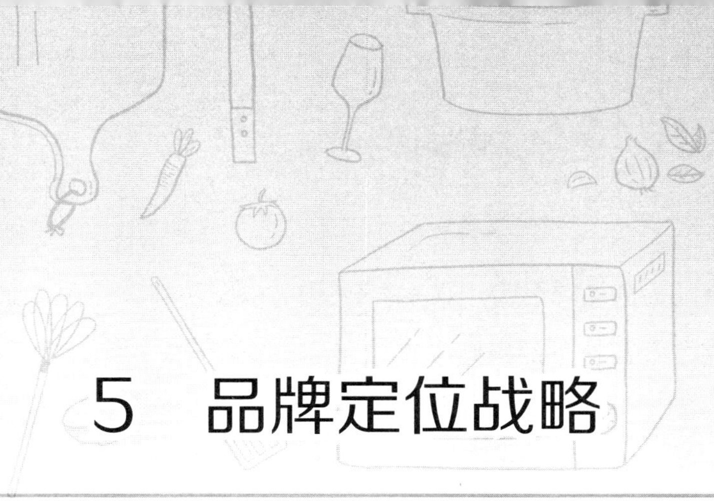

5 品牌定位战略

如今，定位理论是多数管理者皆知的商业常识。品牌定位战略是基于定位理论，以品牌打造为核心，构建竞争优势的定位战略，包括品牌价值定位和品牌个性定位。

5.1 品牌价值定位

5.1.1 认识品牌价值定位

在创建品牌的过程中，很多企业家往往容易忽视品牌价值定位。主要原因归结为两方面，一是缺乏对品牌价值的认识，二是不清楚如何梳理品牌价值。

从定义级洞察的角度来认识品牌价值定位，它其实是确立品牌在消费者心中的位置——当消费者想起你的品牌时所想到的独特价值是什么？这个独特价值要解决消费者的痒点、痛点。

品牌价值定位是品牌基于对目标消费者的研究，在消费者心智中占据一个有利的位置。这个位置或者是功能价值，或者是情感价值。

例如，真功夫就是一家品牌价值定位成功的连锁餐饮企业。在发展初期，真功夫的品牌名为“双种子”，作为一家快餐店，在肯德基、麦当劳、德克士等洋快餐的夹缝中求生存，寸步难行。后来，项目团队为真功夫寻找到了品牌价值定位——“营养丰富的、健康美味的、为您着想的蒸饭快餐连锁”。

不同于其他快餐品牌，真功夫采用了一种侧翼攻击型的品牌价值定位，将快餐市场切分为非健康的西式快餐（油炸品类）和健康的中式快餐（蒸食品类），而自己占据了蒸食品类的头把交椅，并在实际上占据了一个品类。这种定位让竞争对手无法反击，对手不能宣扬“油炸的食品更健康”，这种宣传没有说服力，给了真功夫很好的机会。

5.1.2 品牌价值定位坐标图

众所周知，人类的思维包括理性思维和感性思维。理性思维和感性思维派生出理性动机和感性动机，指引消费者的购物行为。

1. 消费者的理性动机

消费者的理性动机立足于产品的功能价值，主要来自产品的品类与品种。要满足消费者的理性需求，通常展示产品质量、价值、包装、价格或性能等物理方面的信息。

首先，品牌要抢占品类价值第一的位置。

品类思考，品牌表达。其实，品类是产品的第一个行业分类，是个大类。例如，餐饮行业分为火锅、烧烤、小吃、面馆等品类。谁抢占了品类价值第一的位置，谁就成为该品类的代名词，谁就成为大品牌。例如，海底捞火锅、木屋烧烤、沙县小吃、兰州拉面这些品牌就是抢占了品类价值第一的位置。

品类是消费者心智中所既有的，我们要围绕产品最基本的价值去讨论品类。

其次，品牌可以基于品种价值打造品牌价值定位。

品种价值是产品的另一个差异化功能价值，是品类价值的下一个层级，品种竞争是产品竞争的必然趋势。例如，提到“拌面”我们会想起五爷拌面，提到“捞面”我们会想起和府捞面，这些就是品种价值。

2. 消费者的感性动机

一个客观的现象是：产品是否能够获得消费者的认可，是由产品是否满足消费者的需求决定的。

在消费者的购物过程中，如果消费者侧重右脑感性思维，品牌所激发的热爱、骄傲、高兴等心理感受能满足消费者的利益要求，促使其采取购买行动，那么我们称消费者具有感性动机。

感性需求洞察注重的是这个品牌具有哪些特征、个性，提供何种情感价值，以解决消费者的需求问题。

3.“传统”消费感知

消费者所感知的“传统”存在于文化主体意识之中，消费者购买商品时是从自身的文化出发来感知传统的。例如，湖南人、四川人喜欢吃辣的，就会常常去湘菜馆、川菜馆；广东人、福建人喜欢吃甜的，则不喜欢经常去吃辣的。

4.“现代”消费感知

随着人们生活水平的提高，消费者也会与时俱进，追求多元化和时尚化。很多“传统”餐饮经过品牌调整，可以成为“现代感”十足的餐饮，深受消费者喜爱。例如，西贝莜面村通过品牌改造，由具有陕北传统乡土气息的品牌形象，转变为富有现代时尚感的品牌形象。

为了帮助品牌找到价值定位，我们以“理性动机与感性动机”为横坐标，以“传统与现代”为纵坐标，绘制了品牌价值定位坐标图（见图5–1）。

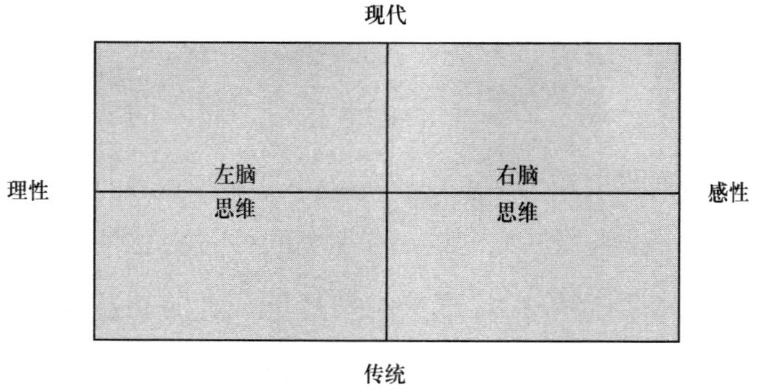

图 5–1　品牌价值定位坐标图

5.1.3　品牌价值定位的方法

品牌价值定位储存于人们的大脑记忆中，由一个个鲜活、明晰而独特的核心词汇构成。根据品牌价值定位坐标图，我们总结出两个品牌价值定位的方法：第一个是“理性需求洞察”策略，第二个是“感性需求洞察”策略。另外，结合“传统”与“现代”的消费感知，一共得出四类品牌价值定位，如图 5–2 所示。

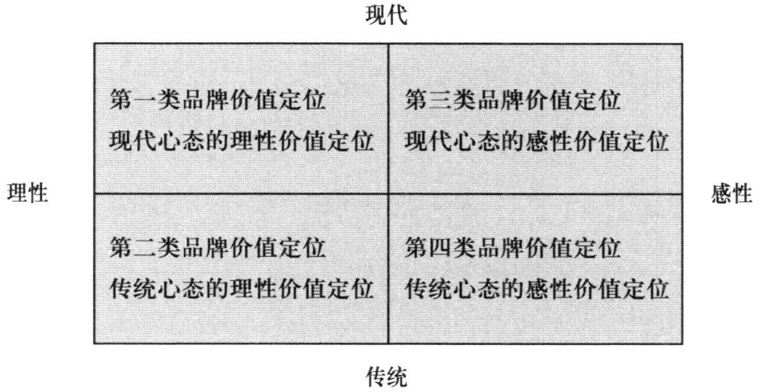

图 5–2 四类品牌价值定位

品牌价值定位由核心价值定位、次级价值定位、支撑理由定位构成（见图 5–3），要让消费者清清楚楚、明明白白。

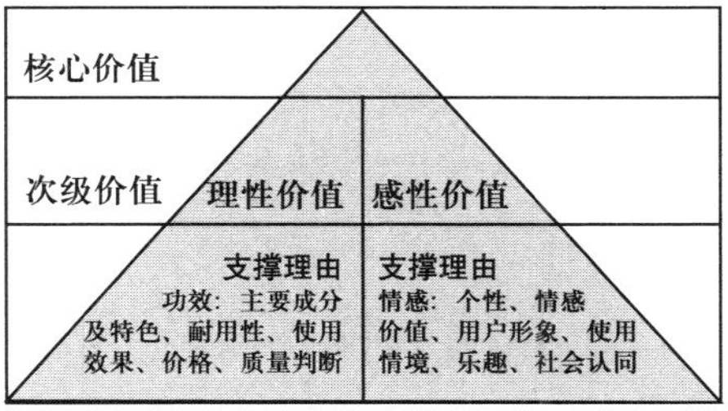

图 5–3 品牌价值定位金字塔

1. 基于“理性需求洞察”，创建品牌价值定位

“理性需求洞察 × 现代”，创建品牌价值定位——绝味

“第一类品牌价值定位”在“理性需求洞察 × 现代”这个区域，绝味食品就是在这个区域定位。

绝味食品是主营鸭脖品类的食品企业，作为后起的鸭脖品牌，通过几年的积累和努力，成为中国鸭脖行业的领导品牌。从品牌价值定位的角度来分析，绝味品牌有两个定位：一个是麻辣口味，另一个是突出新鲜。从差异化的角度来看，麻辣口味这个定位很难与行业内的竞争品牌产生差异。但是，绝味食品的“鲜货”特征构成了差异化价值。绝味食品依托冷链锁鲜技术和强大的冷链系统的辐射，从屠宰、加工到门店、消费者手中，二十九道工序锁鲜，确保了绝味食品“鲜味十足”。

很多管理者对品牌价值定位有一个误区，认为品牌价值定位只用于营销推广和传播，这其实是片面化、表面化的认识。品牌价值定位虽然是为了宣传品牌知识，但还需要有独特的经营活动来支撑，同时，这个经营活动的支点使品牌占据竞争的制高点。

“理性需求洞察 × 传统”，创建品牌价值定位——真功夫

“第二类品牌价值定位”在“理性需求洞察 × 传统”这个区域，真功夫就是在这个区域定位。

真功夫的前身“双种子”通过市场调研发现，“营养”是“双种子”在中式快餐品类的共性中唯一形成品牌差异化并在品类发展中形成市场拉力的因素，而“蒸”是构成“双种子”市场拉力的重要因素。

对于中国消费者而言，“蒸”只能说明“双种子”的特色，“更营养”才是消费者关心的。只有“蒸”等于“营养”的时候，“双种子”才能在他们的心智中扎根。

于是，“双种子”真正的品牌价值定位浮出水面——“营养还是蒸的好”。同时为了凸显该品牌价值定位，还将煎炸类的产品剔除掉。

从传统蒸的工艺出发，“双种子”提出“更有营养的美味中式快餐”，将品牌上升到“真功夫”的诉求，不仅添加了鲜明的形象，更为品牌赋予了中国传统文化中博大的“功夫精神”。

只有将品牌价值转换为消费者所能感知的最直接的价值利益点，才能形成最大化的差异点，从而更加直接、深入地打动消费者。

2. 基于“感性需求洞察”，创建品牌价值定位

“感性需求洞察 × 现代”，创建品牌价值定位——必胜客

“第三类品牌价值定位”在“感性需求洞察 × 现代”这个区域，必胜客就是在这个区域定位。

据统计，2022 年必胜客欢乐餐厅的连锁门店在中国达到了 2800 家。可以说，必胜客能够获得巨大的成功，在于它“开心聚会，分享快乐”的品牌价值定位。

必胜客初进中国市场时，面临着与肯德基、麦当劳两大快餐巨头类似的消费人群，它们都属于快餐品类，而比萨在国外只属于中低消费食品。

必胜客规避了肯德基、麦当劳的主力消费人群——儿童及年轻消费人群，而把目标瞄准了中青年白领这一具有很强购买力的消费人群。差异化的人群定位，让必胜客避开了与肯德基、麦当劳的正面竞争，也将自己的品牌提升到一个“开心聚会，分享快乐”的高级版本，直接与其他快餐品牌形成差异化区分，打造了一个具有“小资”生活情调的聚会场所，开创了属于自己的一片蓝海。

在确定了以中青年白领为目标消费人群后，必胜客从就餐环境、产品等方面很好地满足了这一群体的消费需求。

就餐环境：与肯德基、麦当劳显得有些喧闹的环境相比，必胜客的环境更加安静、舒适，其悦目的装潢、舒适的设计、柔和温馨的灯光、舒缓的音乐、训练有素的服务人员等，让顾客有了不一样的就餐体验。

产品：比萨、意大利面、新鲜的自助沙拉等产品，通过精致的容器盛装，不但满足了顾客的味蕾，更是为就餐增添了很多的情趣，这也很好地满足了白领人群的“小资”情调。

总的来说，感性需求体现消费者的情绪或情感反应，这个情感存在于消费者心智中，是他们所期待的。只有通过商品带给消费者更多的附加值或情绪上的满足，让他们形成积极的品牌态度，才能引领目标消费者选择我们。

“感性需求洞察 × 传统”，创建品牌价值定位——华莱士

“第四类品牌价值定位”在“感性需求洞察 × 传统”这个区域，华莱士就是在这个区域定位。

华莱士以前将自己的品牌价值定位为“炸鸡汉堡”，随着市场环境的变化，华莱士要想华丽转变，就需要重新定位品牌价值。

从品牌竞争来看，华莱士的炸鸡汉堡，除了价格低之外，与麦当劳、肯德基、汉堡王等企业的炸鸡汉堡相差无几，麦当劳、肯德基更是先入为主，占据了炸鸡汉堡品类，成为该品类的代名词。

根据兰切斯特法则，面对强者，作为后来者的华莱士，只有在品牌价值定位上与麦当劳、肯德基形成差异，才能避其锋芒，脱颖而出。

从消费者的认知来看，中国人传统上喜欢吃全鸡、全鸭，同样是鸡类食品，全鸡比非全鸡的接受度更高，同时，人们也认为全鸡的食品更安全。

从供应商来看，中国白羽鸡鸡肉市场正在发生根本性的变化，供应商的议价能力正在逐渐变强，并且国内鸡肉养殖企业不掌握白羽鸡的纯系原种鸡，在产业链中只承担养殖的角色，所以引种数量直接决定了供给数量，而数据表明引种数量从2014年开始大幅度降低。不久的将来，华莱士和麦当劳等行业巨头都对鸡肉分割品有巨大的采购需求，所以供需的变化必然导致供不应求、供应商涨价的情况，进而影响到华莱士的整体盈利率。

结合华莱士供应链的优势，华莱士确立了“全鸡汉堡”的品牌价值定位，同时，全鸡对于华莱士来说可能为顾客、为自己创造巨大的价值。

5.2　品牌个性定位

品牌因个性而鲜活，品牌因个性而富有生命力。每个品牌都应该有一个契合消费者、有特点的品牌个性，这就是品牌定位战略的第二个关键点——品牌个性定位。

奥美广告创始人大卫·奥格威曾言：“最终决定品牌的市场地位的是品牌本身的性格，而不是产品间微不足道的差异。”

在进行品牌个性定位之前，要先给品牌做一个“体检”，评估品牌所具有的生命力。品牌生命力模型给出了评估品牌生命力的两个参考指标——市场份额和品牌档次/偏好提及率。通过这个模型进行品牌“体检”，我们可以了解品牌自身的发展状况。

如图5–4所示，品牌生命力模型由王者、平凡的白银、苍白的铂金和青铜四个象限组成，品牌所处的点所在的象限表示品牌所处的位势。

√　王者：销售规模与质量偏好并重，具有最大的品牌生命力，是品牌追求的理想；

√　平凡的白银：品牌力量在于销售规模而不是质量偏好，即所谓

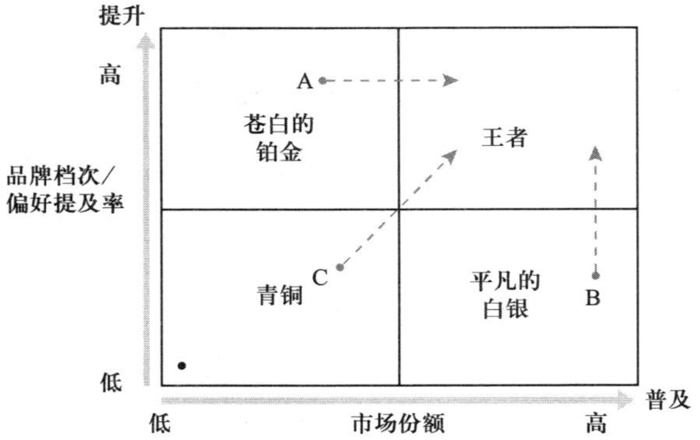

图 5–4　品牌生命力模型

注：横坐标为“市场份额”，体现在销售规模上；纵坐标为“品牌档次/偏好提及率”，体现在档次与偏好上。

的大众品牌，是溢价力弱的问题品牌；

√　苍白的铂金：品牌力量在于档次而不是销售规模，主要依靠对少数消费者的溢价取得优势，是销售规模小的问题品牌；

√　青铜：既无销售规模又无档次，处于被淘汰的边缘，是最大的问题品牌。

在笔者的品牌咨询生涯中，发现很多餐饮品牌处于平凡的白银和青铜象限。要突破品牌困境，需要进行品牌个性定位，塑造鲜明的品牌个性，建立消费者对品牌的偏好。

聪明的餐饮品牌为抓住 Z 世代的新消费人群，在进行品牌个性定位时跳出传统的认知范畴，从年轻人的生活方式入手。例如，喜茶、书亦烧仙草塑造了时尚、清新、萌趣的独特个性，为新消费群体提供了一种时尚、现代的生活方式，成为 Z 世代人群的新宠。

喜茶致力于将喝茶变得更酷

喜茶希望提供一杯“以茶香为主配置”的健康茶饮，将咸芝士与天然茶香融合，并致力于“探索喝茶这件事的更多可能性”，结合传统茶饮文化，将禅意、极简、美学等元素融入门店设计，营造质感层次丰富的空间，为茶客们带来沉浸式多维度感官体验，让喝茶这件事变得更酷。喜茶还与多位独立插画师合作，用绘画的语言表达饮茶之趣，创作出一系列符合喜茶品牌理念的系列原创插画，全线产品包装亦遵循酷、简约的风格。

资料来源：未来智库官方网站。

清爽健康、小清新的书亦烧仙草

书亦烧仙草基于“仙草植物基，清爽轻负担”的品牌理念，打造了萌趣、可爱的“仙蒂”，传递了清爽健康、小清新的品牌个性。

店铺设计上，书亦烧仙草的整个空间理念为：健康、生态、环保的纯素空间。在调性上使用温暖、清新且完全不同于其他茶饮品牌的自然属性；在材质上使用天然石材、无纹理的木纹，并与豆绿色相搭配，营造出亲切友好的全新空间。

产品设计上，书亦烧仙草通过植物基及其他高品质原料的组合，打造更清爽、更健康的新式茶饮，倡导低负担、轻生活。

书亦烧仙草打造了全新 IP 形象“仙蒂”，并深入洞察年轻消费者的喜好和需求，推出帆布包、钥匙扣、玩偶等周边产品，深受消费者喜爱和追捧。

资料来源：书亦烧仙草官方网站。

在品牌个性定位领域，让消费者产生购买行为、记忆深刻的理念与表现风格也是成功的品牌个性化表达。例如，茶颜悦色提出“中茶西做”的新理念，在西式做法中融入中国传统茶叶，成为Z世代消费群体追求国风和新潮、健康和有味、文化内涵和个性特色的一个最佳选择。

玩转国风、国潮的茶颜悦色

茶颜悦色的品牌个性，首先体现在产品和原料上。在产品上，聚焦新中式鲜茶，迭代出精品。在原料上，茶颜悦色每个饮品都用鲜奶取代奶精，用原叶茶现泡现萃，强调鲜茶的质感。

在门店空间设计上，茶颜悦色将中国传统文化中的元素做到了物尽其用。店面体系方面，茶颜悦色的标准店、概念店、外卖店、新零售店、联名店等，都贯穿着中式风格与传统元素。在门店装修、店内布局上，融入书籍等个性摆饰，并巧妙运用小桥流水、桃花竹林等古风意象，借鉴传统，内涵隽永。

同时，茶颜悦色的微信公众号、小程序、微博等社交媒体，同样贯彻统一的画风，欢快活泼、清新可人，而充满乐趣的手绘漫画等使茶颜悦色的形象更加饱满。

此外，在文创周边的开发上，茶颜悦色挖掘自身文化属性，围绕国风、国潮、新中式等文化元素和时下热点进行产品设计，并对自主设计的文创产品不断创新。

文化是品牌之魂，品牌个性的打造需要立足于文化，借助文化原力的品牌更容易顺势而为，让更多的消费者接受。茶颜悦色立足博大精深的中国传统文化，结合“中茶西做”的创新理念，将成为独具中国特色的新式茶饮品牌。

资料来源：参考《茶颜悦色的出圈秘籍》，载于《商业评论》杂志 2021 年 8/9 月号。

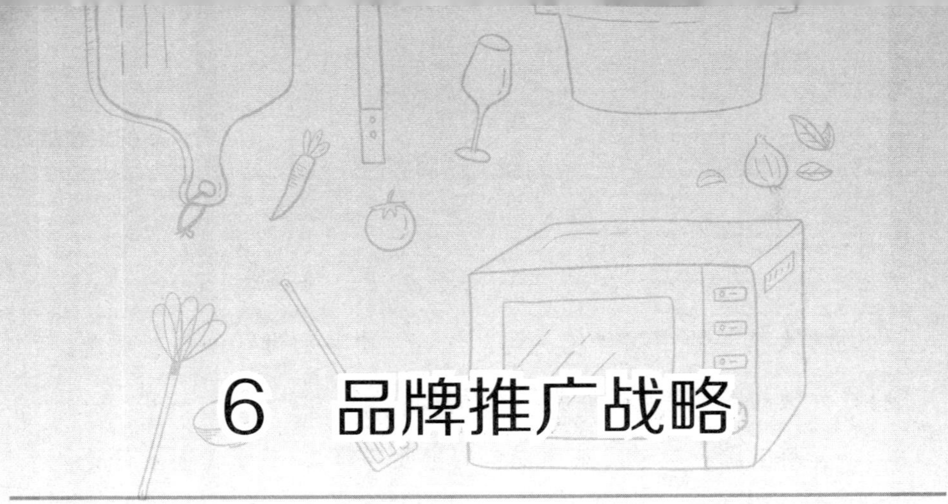

6 品牌推广战略

品牌推广战略的内容包括推广战略要素和品牌推广组合，推广战略要素包括广告语和视觉力，品牌推广组合包括广告、活动、新媒体营销等推广行动。

6.1 品牌推广战略的底层逻辑——传播五大原理

品牌推广战略以传播五大原理（心智占位原理、符号创意原理、刺激－反应原理、媒介信号原理和转播原理）为底层逻辑，要达到三个效果：每个人记住的都是同一个记忆碎片；一记就牢，不容易忘记；能承载品牌的身份及价值，实现零损耗传播。

6.1.1 心智占位原理

对传播的理解：一切传播都是为了占据消费者的心智空间。

根据记忆原理，消费者的心智空间是有限的。记忆作为一种基本的心理过程，是与其他心理活动密切联系着的。人们学习、工作和生活都离不开记忆这一基本机能。

在品牌传播中，把抽象无序转变成形象有序的过程就是记忆的关键。为了让消费者记住我们的品牌，需要根据消费者心智进行恰当的定位。我们要评估定位与市场已有的品牌是否有区隔，是否能形成自身的独特优势。

消费者的注意力和心智空间是稀缺的，我们所做的一切传播都是为了抢占消费者的心智空间。在我们传播之前，要先判断定位是否体现某一价值的唯一性，然后审查是否具有先发优势，因为先发制人至关重要。

6.1.2 符号创意原理

对传播的理解：一切传播都是符号的编码和解码。

信息加工理论认为，记忆过程就是对输入信息的编码、存储和提取的过程。只有经过编码的信息才能被记住，编码就是对已输入的信息进行加工、改造，编码是整个记忆过程的关键阶段。

传播的根本目的是传递信息。传播是人与人之间、人与社会之间，通过有意义的符号进行的信息传递、信息接受或信息反馈活动的总称。

一切传播都是符号的编码和解码。在品牌推广中，要通过符号创意方法将品牌的卖点、特点、定位等核心信息，提炼为精准的信息编码，传递给消费者。

6.1.3 刺激 – 反应原理

对传播的理解：一切传播都要回到行动这一本质。

巴甫洛夫的刺激反射原理告诉我们：人类的一切行为都是刺激反射

行为。

营销传播的本质就是找到刺激消费者的那个反射点，如果我们希望消费者有购买行为的反射，就要先给他一个刺激信号。

营销传播会释放出一个刺激信号，这个刺激信号要干什么呢？要谋求顾客的一个行动反射。这一点是关键，我们要的是顾客的行动。

6.1.4 媒介信号原理

对传播的理解：一切传播都是媒介的传送，信息就是媒介。

所谓媒介，在传播学意义上是指利用媒质存储和传播信息的物质工具。

信息即媒介，信息本身也是真正有意义的媒介。例如，知名的商标，有文化共鸣的包装、广告，既是信息，也是媒介。

6.1.5 转播原理

对传播的理解：一切传播都是为了帮助消费者转播给其他消费者。

品牌传播的对象是消费者，消费者除了扮演受众角色、购买者角色之外，还有一个角色，就是传播者，即消费者体验我们的品牌后，转播给别的消费者。我们传播可记忆、可描述的品牌信息，除了发动消费者自己购买外，另一个目的就是方便消费者转播给别的消费者，形成传播裂变。消费者的转播可以提高传播效率，提升传播效果，同时降低我们的传播成本。

6.2　推广战略要素

6.2.1　创作有说动力的品牌话语——广告语

语言是激活心智的软件，词语就是触发按钮。罗伯斯比尔曾言："词语统治世界。"海德格尔曾言："词语就是行动。"因此，在品牌营销中，广告语就是战略，就是投资。

广告语就是导购，给消费者提供购买理由。广告语就是解释，把战略转化为消费者能读懂的语言。广告语就是指令，发动消费者采取购买行为。

1. 广告语的创意要遵循"独特的销售主张"方法论

科学派广告旗手罗瑟·瑞夫斯提出了 USP 理论，要求向消费者说一个"独特的销售主张"（Unique Selling Proposition）。罗瑟·瑞夫斯将该理论应用于广告实践中并取得了斐然的成绩。这个理论包含三个要点：

（1）每个广告都必须向消费者陈述一个主张；

（2）每个广告都必须告诉消费者，购买此产品会得到某种具体好处；

（3）该主张必须是竞争者不能或不会提出的，它一定要独特。

下面笔者详细介绍该理论的主要内容。

第一，陈述一个价值主张。

要注意是陈述一个主张，而不是多个。因为消费者只会记住一个广告中的一件事情——或者一个强烈的主张，或者一个突出的概念。如果一则广告语讲了两个或三个以上的主张，那么最终的结果是消费者一个都记不住，并且使得消费者更为困惑、迷茫。创作广告语时要遵循“少则得，多则惑”的原则，集中精力，向消费者陈述一个明确的主张或概念，让消费者易记、易回想。

第二，这个主张要告诉消费者购买这个产品将获得的好处，或者说“利益点”。

对于一个企业而言，产品存在的合理性在于它能够给顾客带来价值，换言之，产品能够提供某种利益，满足顾客的需求。广告语的任务就是，将这个产品所带来的价值、利益精准地传达给顾客，明码标价告知给消费者。

第三，主张要独特，是竞争者不能或不会提出的。

营销在于抢占市场先机，市场的先机在消费者心智之中。营销传播是对消费者心智的进攻，当某个品牌或产品的广告语占据了消费者的心智，就完成了一次营销传播的进攻，随着时间的推移，就在消费者心智中形成烙印。显然，对于后来者，唯有创意独特、与竞争者有差异的广告语才能后发制人。

笔者之所以要介绍这个广告语创意方法论，一是因为这个方法论能够真正带来产品的销售转化，是有效的广告语创意方法；二是在广告创意实践中有很多企业家甚至广告从业者容易犯的三个错误，正是以上三条的反面，具体如下。

（1）企业管理者希望每条广告语表达多个主张，生怕说少了，以致广告语的主张模糊不清，最终的结果是——消费者记不住。

（2）以辞藻是否唯美或是否有金句作为判断广告语创意好坏的标准，忘记了广告语是向消费者阐明并传递产品的核心价值，是与消费者“亮明码”“对暗号”，忽略了广告语的目的是让消费者购买我们的产品，而非比遣词造句的水平。

（3）广告语没有独特性，随大流，看到同行的广告语好，便模仿、跟风，缺乏自己的主见，甚至美其名曰：这是跟随战略。这其实是大错特错的想法，模仿、跟风的行为会导致两个后果，一个是消费者会认为是山寨货，另一个是消费者会记不住你的广告语，最终的结果可想而知。

2. 创作广告语的三大步骤和八个原则

广告语是行动指令，旨在让消费者采取购买行为，最终目的是为品牌营销服务。因此，我们的广告语应该给出一个信息刺激，得到消费者的一个行为反应。如果不能引发消费者的行为，那么这个广告语的刺激就是无效的。

关于品牌广告语的创作，笔者总结了三大步骤和八个原则。

第一步：瞄准传递什么价值，明确“说什么”。

我们不仅要掌握有关产品的资料、市场状况、消费者的心理和习惯，还要对竞争者及其广告、影响销售的社会和自然因素、销售渠道等开展调查。关于“说什么”，最重要的创意来自消费者的购物经历，来自消费者的原话。

第二步：思考提炼，理顺“怎么说”。

为避免主题不明，增强传播效果，广告语最好只讲一个重要信息，最多不超过两个信息点。至于“怎么说”才会准确，这就需要我们发挥自己的想象力和概括能力，捕捉引人注目的信息，再将信息进行筛选、整理和开发，提炼出简明扼要、令人瞩目的广告语。

第三步：通过“灵感＋修正”，让广告语“顺口、押韵”。

当我们掌握了一定资料并经过思考提炼后，我们想出了广告语，但还要进一步修正，使这个广告语遵循“顺口、押韵”的原则，让目标受众感到朗朗上口并念念不忘。这个时候我们就要使用修辞艺术。

亚里士多德提出了修辞艺术的四大要领：

（1）普通的道理；

（2）简单的词句；

（3）有节奏的句式或押韵；

（4）使人愉悦。

同时，我们创作广告语要遵循以下八个原则，让消费者一看就懂、立刻行动、过目不忘。

（1）让句子简短。

（2）挑简单的词，不用复杂的词。

（3）选熟悉的词。

（4）口语化，形成品牌谚语。

（5）用动词做谓语。

（6）结合消费者的经验。

（7）便于记忆、容易回忆。

（8）最好带有品牌名字。

3. 广告语的六种类型

广告语的创意来自消费者心中，来自消费者的购物经历，来自消费者的原话。结合广告语创作经验，笔者归纳总结出了以下六种广告语类型。

第一种是功能型广告语——强调解决一个问题，如果你的品牌有很强的功能差异性，功能型广告语是首选。

例如，“营养还是蒸的好”就是从功能特征出发，让品牌直指人心、一针见血。

第二种是直接型广告语——告诉消费者我是做什么的、能为你做什么，形成指令。

例如，费大厨的“全国小炒肉大王”就是直接型广告语，准确传递了品牌定位，使品牌脱颖而出。

第三种是细节型广告语——向消费者陈述产品的卖点，同时这个卖点必须是独特的、能够带来销量的。

细节型广告语具有以下三个特点。

（1）包含特定的商品效用，即要对消费者提出一个说辞，给予消费者一个明确的利益承诺。

（2）是唯一的、独特的，有着其他同类竞争产品不具有或没有宣传过的说辞。

（3）有利于促进销售，即这一说辞一定要强有力，能招来数以百万计的大众。

此类型广告语展现了产品独一无二的特点，并使之落实于品牌营销的战略、战术中。例如，太二酸菜鱼的“酸菜比鱼好吃”就是细节型广告语，用产品细节让消费者接受、认同、购买。

第四种是体验型广告语——阐述体验，让描述有画面感，用身临其境的体验来调动消费者的感官。

体验型广告语通过看、听、用、参与的手段，充分刺激和调动消费者的感官、情感、思考、行动、联想等感性因素和理性因素。

例如，西贝莜面村的广告语“闭着眼睛点，道道都好吃”就是用身临其境的体验来调动消费者的感官。

第五种是态度型广告语——亮出你的品牌态度，与消费者形成情感共鸣。

事实上，在产品同质化的市场环境下，品牌停留在功能性的价值表达上几乎很难形成差异化，更不要说吸引追求品质的消费者购买了。

在产品和服务品牌化的过程中，你要思考你代表什么，亮明你的态度。例如，麦当劳的“我就喜欢”就是态度型广告语。

第六种是嫁接型广告语——通过将品牌价值嫁接到歌曲、诗歌、谚语上，与消费者形成共鸣。

广告语可以直接嫁接到歌曲、诗歌、谚语上。例如，“鹅夫人”港式餐厅的“鹅鹅鹅，鹅夫人”广告语，嫁接了唐诗《咏鹅》的文化原力：“鹅鹅鹅，曲项向天歌。白毛浮绿水，红掌拨清波。”

总之，广告语要想说动消费者，就要使用消费者听得懂的语言。“听得懂”是第一重要的，其次是“了解”你所说的，最后才是产生购买行为。

6.2.2 打造有行动力的品牌视觉——视觉力

1. 视觉力与品牌资产

从企业经营的角度而言，经营有两个视角：一是成本视角，二是投资视角。成本很好理解，那么投资是什么？就是投入生产产品、经营企业的成本，这个过程中形成的就是资产。

品牌资产是指与品牌相关的，能够增加或削弱产品价值或服务价值的资产。从传播学、心理学的角度来定义品牌资产：它是企业所有品牌营销活动带给消费者的心理事实，它是消费者对品牌的认知和记忆所带来的企业利润收益，这些认知和记忆是消费者在一段时间内对品牌的所看、所读、所学、所听、所想及所感。

上述定义包含两层意思。

第一，品牌资产与消费者认知相关。基于消费者的品牌资产是对品牌知识的感受，在品牌营销活动中，与品牌不能被识别相比，当品牌能被识别时，消费者对产品及营销方式将表现出更多的赞许，反映出品牌具有正面的、容易被认知和记忆、基于消费者的品牌资产。

当消费者在潜意识中对某品牌形成了视觉记忆，我们就可以说拥有了品牌资产。因此，颜色、产品、标志、战略标识、IP卡通形象、包装这些视觉力就是品牌资产的重要来源。

第二，品牌资产的形成与时间相关。当品牌知识在一段时间内被消费者快速、容易地认知和记忆时，便可形成品牌资产。同时，随着时间的推移，这些品牌资产会逐渐被消费者遗忘。

品牌通过开展让消费者认知和记忆的连续营销传播活动，形成并积累品牌资产，最终形成认知的护城河。

2. 视觉力系统

消费者在购物时依赖于对品牌标识、符号、片段、故事的记忆，这些记忆最终会以图像的形式呈现出来。

研究视觉力，就是谋求将记忆碎片中最小的一片发展成为具有营销力的品牌资产，为此需要三位一体的视觉力创意方法。

视觉力系统包含中心层、中间层和外围层三个层级，如图 6-1 所示。

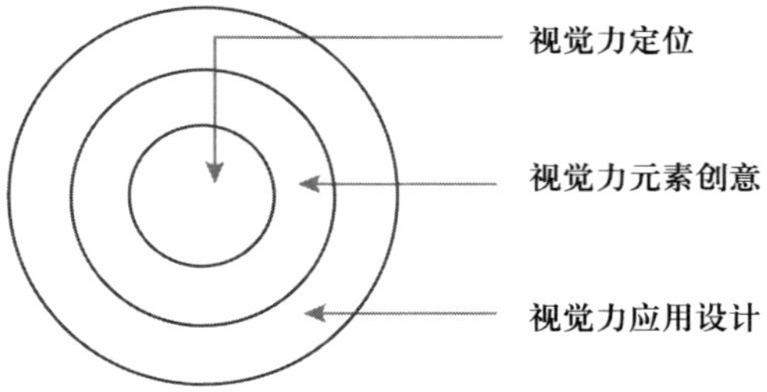

图 6-1　视觉力系统

（1）中心层是视觉力定位，包括视觉力与生俱来的定位。

（2）中间层是视觉力元素创意，包括标志、战略标识、IP 卡通形象的创意。

（3）外围层是视觉力应用设计，包括店铺、广告、宣传物料，以及活动等接触点的创意。

视觉力创意体验的重要原则是：同一个记忆碎片，同一个品牌印象，解释同一个品牌意义。

视觉力定位、视觉力元素创意、视觉力应用设计是三位一体的关系，即视觉力定位是视觉力元素创意和视觉力应用设计的意识，视觉力元素创意和视觉力应用设计是视觉力定位的流动；视觉定位是视觉元素之始，视觉元素是视觉定位之成，两者本来就是一件事情。

视觉力一定要聚焦，要将记忆碎片中最小的一片打造成一个视觉力符号，并达到三个效果：每个人记住的都是同一片；一记就牢，不容易忘记；能承载品牌的身份及价值，实现零损耗传播。投资一个视觉力符号，用这个视觉力符号来深入目标受众的心智，进而进击市场，这就是低成本获得品牌资产的正确方法。

3. 视觉力定位

视觉力定位包括颜色定位和图形定位。

颜色具有至高的视觉战略价值，是最重要也是最容易被忽视的视觉语言。例如，“红灯停，绿灯行”就指示我们的行为。

图形定位是使用图形语言来表达，其关键点是用文化原力唤醒接收者大脑中的潜意识，引起顾客的购买刺激反应，使之做出购买决策，并形成大规模转播，占据顾客心智空间。

视觉力定位就是找到消费者心智中的触发点，嫁接文化原力，打造一个核心视觉，从而唤醒消费者的潜意识，强化品牌与营销传播效果。

颜色定位

从品牌视觉资产来看，品牌颜色是第一视觉资产。

从视觉战略来说，颜色具有至高的战略价值，是最重要也是最容易被忽视的视觉语言。每个品牌都应该占据一个颜色，将这个颜色作为品牌的代表，落实在标识、门店、广告等对内与对外的品牌传播中。

颜色如此之重要，值得每个设计者、营销者予以重视。太阳光谱中能够被大脑快速识别的颜色有七个，即红橙黄绿蓝靛紫，这是设计师最常使用的基本色。此外还有黑色、灰色、咖啡色，以及其他的二级色，但二级色的识别度不够高，通常很少用。

颜色设计在店面设计中具有特别重要的地位。品牌颜色设计的重点是遵循“少则得，多则惑”的哲学思想，讲求单一，不宜过多，追求有明确主色调的整体感。同时，颜色纯正的店面门头更容易从嘈杂、混乱的环境中跳出来，被消费者看见。

如果你进入某个品类的时间比较早，那么你可以抢占某个特定的颜色来代表你的品牌。例如，肯德基占据了红色，星巴克占据了深绿色，瑞幸占据了蓝色，蜜雪冰城占据了紫红色。

图形定位

从品牌视觉资产来看，品牌图形是第二视觉资产。

品牌图形包括标志、IP 卡通形象和战略标识。一个好的品牌图形设计，通常具有识别度强、记忆度高、容易回想、富有美感四个特点。

关于标志、IP 卡通形象设计，业界很多书籍做了详尽的阐述，在此不做赘述。下面来谈谈战略标识设计。

战略标识之所以被提升到战略高度，在于它影响消费者的购买行为，能最大限度地接触消费者，是解码品牌价值的核心要素，有助于建立、积累品牌资产。

品牌的价值存在于消费者的记忆中。消费者的购物行为要靠识别、记忆来完成。我们研究战略标识，就是谋求将最小的记忆碎片打造成品牌标识，并达到三个效果：每个人记住的都是同一片；一记就牢，不容易忘记；能承载品牌的身份及价值，实现零损耗传播。

战略标识分为以下两种类型。

第一种是战略纹样，借鉴中国传统图案中的二方连续纹样进行创新设计，表现品牌的独特点。

二方连续纹样是指一个单位纹样向上下或左右两个方向反复连续排列而形成的纹样，富有美感和节奏感，也被称为带状纹样或者花边纹样，如图 6–2 所示。

图 6–2　二方连续纹样

二方连续纹样历史悠久，中国古人在两千多年前就已经使用二方连续纹样作为装饰纹样了。二方连续纹样在彩陶、青铜器、石刻、瓷器、漆器、建筑、织物服装等上十分常见。虽然二方连续纹样非常古老，但在组织和结构上与现代纹样相比毫不逊色。

将有规律的纹样排列组合，就可以形成有视觉冲击力、有记忆度的战略纹样。例如，莆田餐厅的战略标识是具有视觉冲击力的锯齿状水波纹（见图 6–3）。早在陶器时代，水波纹就作为必不可少的二方连续纹样被广泛应用。

图 6–3　莆田餐厅的战略标识——水波纹

第二种是战略符号，以标识图形或标徽形式来解释品牌的关键性特征，如品牌名字、品牌卖点、品牌文化。

符号学把符号分为意符和意指。意符是符号的表达方式，是它的物质形式。意指是符号的内容，是它的意义概念。符号具有三个功能：指称识别功能；信息压缩功能；行动指令功能。

战略符号，就是让消费者识别、理解我们的信息，并且采取行动的视觉符号。战略符号要嫁接文化原力，将品牌个性清晰地表现出来，让消费者一见如故、怦然心动。

例如，西贝莜面村借鉴“I LOVE NY”的标识，创造了“I LOVE 莜”，不仅明确了“莜”字的读音，而且赋予品牌名字以情感价值，同时塑造了品牌国际化、时尚化的个性形象（见图 6–4）。

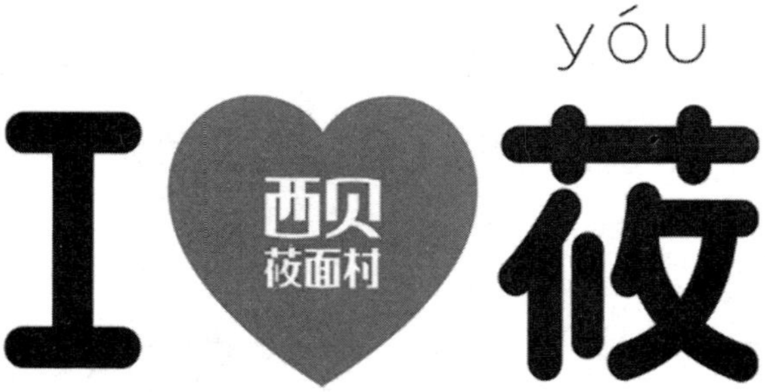

图 6–4　西贝莜面村的战略标识

颜色与图形合二为一造就超级视觉力

在信息碎片化时代，人们通过一些堆积的“记忆碎片”来形成对一个品牌的印象。颜色与图形是品牌视觉资产的两大要素，二者相辅相成、互为一体。颜色与图形的融合就是一种带有视觉强制性的品牌范式。

我们要将标志、战略标识、IP卡通形象构成战略组合，重组成人们难以忘记的记忆碎片，让人认得品牌，记住品牌。多要素整合的能量，显然比单个要素的能量更大、更强。

战略组合不仅仅具有视觉冲击力，还有视觉强制性，其用重复的、同一性的、阵列式的视觉形式创造出一种仪式感，这种仪式感会让消费者记住这个品牌、信赖这个品牌、选择这个品牌。

6.3　品牌推广组合

品牌推广就是向消费者发信号，解决企业与消费者之间信息不对称的问题，让消费者知道、认知并购买企业的产品。在注意力稀缺的时代，餐饮企业必须主动发起品牌推广行动，吸引顾客到店，发生购买行为。

餐饮企业的品牌推广组合包括多种形式，我们从线下实体餐饮店和线上餐饮店铺两个层面来展开说明。

6.3.1　线下实体餐饮店推广

AIDA模型认为，从消费者接触外界营销信息到完成购买行为，根据其反应程度的不同，可划分为注意（A）、兴趣（I）、欲望（D）、行动（A）四个连续的阶段。

对于线下实体餐饮店，可以从搜寻店铺（广告）、来店前（店铺外观形象、门头、招牌）、来店中（店中导视、品牌活动）、消费中、消费后五个环节来策划品牌推广活动，引导消费者完成“引起注意—产生兴趣—勾起欲望—采取行动”。具体如表6-1所示。

表 6-1　根据购物旅程策划推广活动

线下购物旅程	推广形式	推广地点	推广目的
搜寻店铺	城市广告	城区	增加曝光，引流
来店前	店铺外观形象、门头、招牌	商圈	门店导流
来店中	品牌活动	店外	门店截流
消费中	消费体验	店中	下单转化
消费后	周边产品、纪念品	离店	消费回忆

1. 搜寻店铺：通过广告曝光引流

在搜寻店铺阶段，消费者是受众，此时需要广告曝光，引起消费者的注意并使之产生兴趣。

受众的第一特征是茫然，第二特征是遗忘。此时，消费者在街道上是茫然的，纠结到底去哪家餐饮店吃。我们可以用广告给出提示，让消费者选择。

奥格威说："我们坚信每一则广告都必须被看成是对品牌形象这种复杂的象征性符号作贡献，以及对品牌声誉所作的长期投资的一部分。"

广告分为线下广告（例如商圈、公交、社区的广告）和线上广告（例如互联网、移动互联网的广告）。

广告的核心功能是说服、说动消费者。为了防御海量传播，人们只接受与其之前的知识和经验相一致的信息。品牌和消费者沟通时，最美好的状态就好像贾宝玉初见林黛玉，一句"这个妹妹我曾见过的"，瞬间就消除了陌生感，拉近了距离——因为这个妹妹一直住在贾宝玉的灵魂深处。

平面广告的创意重心是嫁接文化原力，让消费者产生似曾相识的感觉，唤醒消费者的潜意识。产品是消费者体验品牌最为重要的环节，是广告的核心要素，永远是广告创意的主角。餐饮企业的广告创意要围绕产品，让产品诱人。例如，肯德基以产品即现熬好粥为平面广告的核心视觉，并嫁接中国熊猫元素，吸引消费者购买（见图 6–5）。

图 6–5 肯德基的平面广告

2. 来店前：通过实体门店形象导流

在来店前阶段，消费者是目标受众，此时需要店铺的曝光，店铺的形象要引起他们的注意，使他们产生兴趣、形成认知。

消费者路过门店时犹豫不决，如何让他进店，提高进店率？

实体餐饮门店导流有两个战略重心：一是店铺的地理位置，决定曝光量；另一个是店铺的视觉形象，决定引流效果。有关店铺的地理位置，笔者在后文阐述。

实体餐饮门店通过店铺视觉形象导流有三个决胜点：店铺外观形象、

店铺门头、店铺招牌。

消费者往往是懒惰的，在消费的时候常处于放松状态，不愿意过多思考，这个时候就需要品牌信号来引导，最直观地反映品牌信号的就是货架。如果我们以货架空间思维重新认识空间，那么今天出现在我们视线中的物理终端都可以是货架空间。

当我们用货架空间思维开一间餐厅，就要将餐厅放在整个商城的货架之中，如果餐厅开在临街的位置，还需要把周边的环境整体看作货架空间。因为我们的餐厅处在嘈杂的空间环境之中，所以我们首先考虑的是如何使我们的餐厅从混乱、嘈杂的空间环境中跳出来，被顾客看到。

例如，麦当劳把整条街道看作货架空间，以亮眼的店铺外观形象、店铺门头、店铺招牌成为引流的超级自媒体，吸引过路人群的注意，获得超级流量（见图 6–6）。

图 6–6　麦当劳门店

店铺外观形象

信息即媒介，店铺也是媒介，而且是餐饮企业最为重要的媒介之一。店铺外观形象的优劣决定引流效果。肯德基和必胜客的店铺外观形象分别如图 6–7、图 6–8 所示。

图 6–7　肯德基店铺外观形象

图 6–8　必胜客店铺外观形象

那么，到底什么样的店铺外观形象才能吸引顾客，促进顾客进店消费？哪些是打造店铺外观形象的重点？

餐饮企业可以根据表 6–2 对店铺外观形象进行精密检查，撰写分析报告，了解店铺外观形象的优劣，从而以此为参考依据改善店铺的策划与设计案。

表 6–2　店铺外观形象诊断表

项目	分类	检查项目	检查栏
发现－识别力	营业样态认知	是否能看到小招牌	
		顾客是否能认识到店铺营业样态	
	形状、色彩等方面的差别	附近是否有相同形状的标识	
		是否为周围的店铺所淹没	
	魅力效果	店铺是否有存在感	
		是否大面积使用统一的颜色	
		店铺正面是否满是门面	

续表

项目	分类	检查项目	检查栏
发现－识别力	品牌化	是否使用统一的品牌颜色	
		是否使用统一的商标	
		是否使用统一的字体	
	夜间可识别性	是否保持能看到的亮度	
		店铺自身是否明亮	
	可识别性	人距离店铺 50 米远是否可看到	
		车距离店铺 100 米远是否可看到	
	可读性	行人是否能读取标识文字	
		是否能从车里读取标识文字	
魅力－形象力	事件性	是否有宣传促销的通告	
	销售感	是否设置旗帜、横幅	
	新鲜度	是否仅在营业时间挂旗帜	
		贴纸是否有脱落	
		面板有无脏污、划痕	
		标识是否损坏	
		横幅的新鲜度	
	色彩	与周围的色彩是否协调	
		海报等是否与店铺为同色调	
	照明度	灯泡、灯管是否坏掉	
		标识的亮度是否能引起注意	
		照明是否符合营业状态	
	可读性	标识在可读性上是否有昼夜差异	

续表

项目	分类	检查项目	检查栏
诱导 – 指示力	进入容易度	是否确立了顾客行动路线 – 是否有诱导的标识 – 是否有效利用了箭头	
		入口周边是否有障碍物	
		有无信息标识	
	信赖感	商标、字体是否统一	
		店内能否看见	
		宣传册、宣传单的安排如何	
	照明度	入口的照明度是否合适	

店铺门头

店铺门头的设计要遵循三个标准：一是颜色要鲜明，有明确的主色调；二是战略标识要突出，让人一眼就识别并记住；三是店名要显眼，在距离几十米远的地方都可以看到。蜜雪冰城和瑞幸咖啡的门头分别如图 6–9、图 6–10 所示。

图 6–9 蜜雪冰城门头

图 6–10 瑞幸咖啡门头

餐饮企业可以根据表 6–3 诊断店铺门头是否具有超级视觉力，并基于各项指标来进行创意设计，吸引消费者的注意、停留、到店。

表 6–3　店铺门头视觉力诊断表

诊断维度	指标	评分栏	综合评价和改善要点
门头视觉力	白天的可识别性		
	夜间的可识别性		
	名称是否简洁，是否凸显 logo 或 IP		
	是否体现业态或品类		
	形象、配色是否契合店铺品类		
	人距离店铺 30 米远是否可看到		
	车距离店铺 50 米远是否可看到		
	在开放空间距离 100 米远是否可看到		
	清晰明亮度		
	干净整洁度		
	完整美观度		

店铺招牌

德克士和肯德基的店铺招牌分别如图 6–11、图 6–12 所示。

图 6–11　德克士店铺招牌

图 6–12　肯德基店铺招牌

餐饮企业可以从发现、魅力、诱导三个维度对店铺招牌进行诊断，提出招牌改善的要点（见表 6–4）。

表 6–4 店铺招牌诊断表

<table>
<tr><th>诊断维度</th><th>指标</th><th>评分栏</th><th>综合评价和改善要点</th></tr>
<tr><td rowspan="5">发现</td><td>白天的可识别性</td><td></td><td rowspan="5"></td></tr>
<tr><td>夜间的可识别性</td><td></td></tr>
<tr><td>业务认知度</td><td></td></tr>
<tr><td>可视距离</td><td></td></tr>
<tr><td>招牌配色与形状</td><td></td></tr>
<tr><td rowspan="5">魅力</td><td>新鲜度</td><td></td><td rowspan="5"></td></tr>
<tr><td>推荐商品情况</td><td></td></tr>
<tr><td>设计是否与目标顾客匹配</td><td></td></tr>
<tr><td>销售感、兴趣感</td><td></td></tr>
<tr><td>季节感</td><td></td></tr>
<tr><td rowspan="5">诱导</td><td>对入口的认知</td><td></td><td rowspan="5"></td></tr>
<tr><td>是否确立了引导路线</td><td></td></tr>
<tr><td>信赖感</td><td></td></tr>
<tr><td>照明度</td><td></td></tr>
<tr><td>感觉传达情况</td><td></td></tr>
<tr><td></td><td colspan="3">标识改善要点：</td></tr>
<tr><td>店铺名称</td><td></td><td>检查人</td><td></td></tr>
</table>

3. 来店中：通过品牌活动截流

当消费者经过门店，为吸引他们进店用餐，餐饮企业需要策划品牌活动。餐饮企业可以从仪式感、互动环节和媒体宣传三个方面来策划品牌活动。

第一，要有有意义的仪式感。

仪式能营造氛围、创造体验、强化记忆，中国人向来注重“仪式感”。我们的祖先给自己设计了很多仪式，生活中常见的婚礼、节庆等，就具有很强的仪式感。当我们面对某个事情、处在某个时点时，就需要一些有仪式感的东西来提醒我们，并赋予我们更多的生活意义。

因此，在策划品牌活动时，我们要运用好仪式感这个文化原力。春节、端午节、中秋节这些传统的文化节日，都具有非常强的仪式感，自带流量。例如，老娘舅在春节期间举办了“老娘舅年年有鱼节”活动，满满的仪式感吸引顾客积极参与。

老娘舅年年有鱼节

“年年有鱼”谐音“年年有余”，是中国传统吉祥祈福最有代表性的语言之一，是春节历久不衰的主题，是一个永恒的文化母体。中国春节期间有“吃年年有鱼，讨个好彩头”的传统风俗，年夜饭里的一道年年有鱼菜是少不了的。

老娘舅将“江南红烧鱼”和“鱼肉狮子头”两个当家产品组合成“年年有鱼套餐”，作为老娘舅每年春节期间的标志性产品。这不仅契合了中国传统民俗中的鱼文化，具有好彩头，而且在实际运营层面，不创造新菜，通过原有产品的组合便可形成新产品，减轻了春节期间门店备货的压力。

老娘舅还打造了“吃年年有鱼，舅发大红包”宣传语，直接告诉消费者做什么、能得到什么，吸引消费者到店参与活动。

活动期间，购买年年有鱼套餐，即送“舅舅超级大红包”，内含“福”“禄”“禧”“吉”“发”“财”6个红包。红包背后还有惊喜福利：拿着舅舅红包到门店，消费任意套餐即可兑换好礼。

资料来源：根据网络资料整理得到。

第二，要有有意思的互动环节。

除了有仪式感，品牌活动最好可复制、低成本、易执行，具有互动性。互动性是促使消费者积极参与的关键点，互动性的强弱决定了消费者参与的深度与广度，品牌活动搞得好不好，就看它的互动性怎么样。

互动创意的要点是让参与者完成任务，所设计的任务一定不能复杂，要越简单越好，降低消费者的参与难度。例如老娘舅举办的“老娘舅九九舅舅节”，节日当天顾客大声喊出“米饭要讲究，就吃老娘舅！舅舅！”参与互动可以获得折扣，这就是非常好的互动活动。

老娘舅九九舅舅节

“老娘舅九九舅舅节”，这是为“舅舅”打造的一个专属节日，并成为老娘舅的核心品牌资产。“九九舅舅节”壮大了文化母体，并且“舅舅”谐音“99”，天然对应一个日子：9月9日。

通过“老娘舅九九舅舅节”，强化了老娘舅品牌与生俱来的戏剧性，占据了“舅舅”这个称谓及背后的文化原力。

基于以上几点，老娘舅创造了口号“大声喊舅舅，立减9块9”，顾客只要大声喊出“米饭要讲究，就吃老娘舅！舅舅！”并达到 99 分贝，即赠 9.9 元抵用券，任意米饭套餐立减 9.9 元。活动期间，老娘舅每家店都设置了一个超级道具——分贝仪人形立牌，所见即所得，喊到“99”就爆表。

2020 年首届“老娘舅九九舅舅节”当天，全国近 300 家门店共有 4.4 万人参与了“大声喊舅舅，立减 9 块 9”活动。并且，9 月 9 日当日客单数环比提升 22.6%，同比提升 9%；销售额环比提升 13.7%，同比提升 3.4%。

资料来源：根据网络资料整理得到。

第三，要成为超级自媒体。

品牌活动是品牌与消费者发生化学反应的催化剂。品牌活动通过仪式感和各种互动，将品牌价值等信息凝聚成一个超级品牌信息包，这个信息包就是超级能量包，能形成极强的刺激行动力。

信息即媒介，我们可以将大型现场活动当作一个超级自媒体。如果在店铺门口开展品牌活动，现场的形象墙、海报、道具、展示台、堆头、音响、视频等要素就是餐饮品牌最大的自媒体，哪怕在五十米、一百米开外都能产生影响，吸引大家参与。

例如，西贝莜面村的亲嘴节就把活动现场做成了超级自媒体，引起了消费者的情感共鸣，吸引了大量的参与者拍照和转发朋友圈。活动现场还开通网络直播，与网友互动。

4. 消费中：消费体验，下单转化

在消费中这一阶段，消费者体验店铺环境，进行信息搜索。此时消费者是迷茫的，如何让他快速识别想要的菜品，促进下单转化呢？

设计导视体验与空间体验，是实现门店流量转化的临门一脚。

店中的导视体验：指引顾客排队等候、下单、取餐

店中环节决定购买，店中的导视设计决定了购买的效率。设计清晰的指示道具，可以引导顾客排队等候、下单、取餐。

餐饮企业可以通过店铺的橱窗海报、菜品灯箱、菜单、主力产品台卡、销售氛围物料（易拉宝、展示架、菜品堆头、活动 POP 海报等）设计消费者的浏览路线和选择逻辑，让消费者快速点单、付款、就餐。

服务人员现场引导顾客就餐，推荐菜品时，要将门店的招牌菜深入顾客心智，让顾客难忘，为此，至少要重复三遍产品名字。

第一次是店员初次见到顾客时介绍“我们的招牌菜是某某某”；

第二次是顾客点菜的时候引导顾客“我们的招牌菜是某某某”；

第三次是上菜的时候提示顾客“我们的招牌菜某某某”上桌。

虽然每次仅用 1 秒钟，却将一句简单的“我们的招牌菜某某某”重复了三次，这就给顾客留下了深刻的印象。

当然，顾客用餐之后，店员还可以继续询问顾客，例如，如何评价“我们的招牌菜某某某”，提示顾客如果感觉不错，可以在点评网上写个好评（如果顾客做了就给个奖励），以及是否愿意推荐朋友来店吃“我们的招牌菜某某某”，这样就更让顾客记忆犹新了。

店中的空间体验：营造舒适、温馨的就餐氛围，让顾客再次选择

店中的空间体验是影响顾客选择的重要因素。设计舒适的空间，营造温馨的氛围，让顾客喜欢餐厅，是店铺空间体验设计的方向。

- 店铺布局体验舒适

不同的顾客群体，对店铺布局的需求是不一样的。一个餐厅设计之初的桌椅布局，其实在一定程度上拒绝了一部分人进店。同样是西贝旗下的品牌，西贝莜面村和九十九顶毡房的餐厅布局就完全不同。从占地面积来看，快餐厅、休闲餐厅、正餐厅是不一样的，通常来讲，店铺布局要符合人体工程学，占地面积越大越宽松舒适。

- 店铺氛围体验动人

灯光的色调可以帮助餐厅营造氛围和调动顾客的情绪。现在越来越多的餐厅会在餐桌上方安装压低的吊灯，比如烤肉店，当吊灯的灯光照射在滋滋冒油的烤肉上时，食物能表现出最真实饱满的状态，造成的视觉冲击让人更有食欲。

什么样的店铺可以提升消费者的购物体验？

为了追求更高的销量，零售商正在钻研什么样的店铺环境可以提升消费者的购物体验。帕科·昂德希尔（Paco Underhill）是该领域的先驱，也是零售咨询公司 Envirosell 的总经理。该公司的客户包括麦当劳、星巴克、雅诗兰黛、GAP、汉堡王、CVS 以及富国银行等。通过店内监控视频和对多达 40 种不同行为的观察，昂德希尔及其同事每年研究 5 万名消费者购物时的表现。他就零售空间的细微调整提出了以下几点建议。

- 吸引购物者并使他们留在店内。购物者停留在商店里的时间是决定他们购物量的唯一重要因素。为了增加购物时间，零售商应该为他们营造一种归属感；以某种方式识别这些顾客；使他们感到舒适，例如在方便区域为夫妇、儿童和箱包提供椅子；使顾客每次进门都能感到既熟悉又新鲜。

• 重视“过渡地带”。购物者进入商店后，需要放慢脚步找到那些有刺激性的东西。也就是说，他们可能会匆匆走过，对标识、商品或销售人员没有任何反应，直到他们进入店门口的“过渡地带”。要确保店内有清晰的视线。在店内设置一个信息焦点处。绝大部分惯用右手的人通常在进入商店后会向右转。

• 不要让顾客费力寻找。把最流行的产品放在最前面，让繁忙的顾客可以轻易找到，而让较清闲的购物者多逛逛。在史泰博，墨盒是购物者一进店最先能买到的东西。

• 让购物者很容易摸到和拿到商品。顾客触摸的重要性怎样强调都不过分。所以，即便一家商店能提供最好、最便宜、最性感的商品，如果顾客摸不着、拿不到，那么商品的吸引力就会大打折扣。

• 受到孩子欢迎。如果孩子感兴趣，那么父母也会跟随。从一个3岁孩子的角度出发，保证与他们视线平行的位置可以看到商品。对孩子来说，地板上的一个虚拟的跳房子或恐龙图案可以将无趣的购物之行变成一次友好的经历。

• 注意男人不喜欢问问题。通常男人购物的速度比女人快很多。很多时候，他们不可能看那些不准备买的东西。他们也不喜欢问商品在哪儿。所以，如果一个男人找不到他想购买的东西，可能会再转一两圈，然后什么都不问就走了。

• 记住女人需要空间。一名顾客，尤其是女性顾客，如果在选购商品时，有其他顾客即使只是轻轻碰到她的身体部位，她也很可能不会在那儿购买了。保持过道宽敞整洁十分重要。鉴于女性在购物中扮演的角色比男性要重要得多，因此设计令她们满意的购物体验就无比关键。女性在决定去哪儿购物时最先考虑的因素是干净、有控制力、安全以及贴心。

- 让结算支付更简单。确保那些利润高的商品摆放在离结算台较近的地方，这样可以刺激那些冲动型购买者。人们通常会在结算时买糖果，因为可以让他们解馋。

资料来源：根据网络资料整理得到。

5. 消费后：设计周边产品、纪念品，唤醒消费回忆

周边产品、纪念品可以在消费者离店后唤醒消费回忆，使其再次到店消费，成为我们的老顾客，同时，替我们二次传播，把餐厅、菜品介绍给别的消费者。例如，星巴克、书亦烧仙草、蜜雪冰城等品牌在店里放置了周边产品、纪念品，消费者可以在店里拍照种草，也可以带回家，无形之中，这些产品成了品牌鲜活的“宣传员”。

6.3.2 线上餐饮店铺的引流

线上餐饮店铺的经营方式是消费者在线上平台下单，店铺以外卖方式配送给消费者。做好线上餐饮店铺的引流，关键是提升消费者体验，为此需要采取以下三个步骤。

第一步：描绘“在线购买”体验地图

消费者在线购买会经历注意、考虑、购买、购后四个阶段的购物旅程，其中购买阶段集中体现了消费者对体验设计的需求。

（1）注意阶段，消费者通过网络搜索，了解该餐饮品类的相关餐饮店。

餐饮企业可以通过新媒体营销，请消费者注意店铺。通过种草分享，集客营销，低成本影响年轻消费者，获得最具活力的年轻人市场，吸引他们注意餐饮品牌，到餐饮店铺点餐、用餐，是互联网时代营销的有效方式。

业界曾经流传过一个新媒体营销的公式：网红品牌 =“双微”+ 小红书 + 抖音 +B 站 + 知乎问答 + 直播带货 + 社群运营 + 常规电商。

其实，上述新媒体营销公式并不适合餐饮店铺，每一家餐饮企业都有适合自身的新媒体营销打法，无须面面俱到。餐饮企业要做长红品牌，而非网红品牌。例如，蜜雪冰城就通过一个《蜜雪冰城甜蜜蜜》的短视频火遍抖音，超高的点击率使其成为现象级茶饮品牌，带动了蜜雪冰城的万店销售。

（2）考虑阶段，消费者通过网络口碑和朋友推荐，了解店铺的产品与品牌。

网络口碑是消费者认知产品与品牌的重要来源。管理好大众点评、美团、百度口碑等网络平台的舆论，对餐饮品牌的口碑建设至关重要。

很多门店数量多的餐饮企业，例如西贝、海底捞，将美团、微信小程序、公众号、微信社群纳入与顾客互动的管理运营体系中，构建了线上口碑引流的生态。

（3）购买阶段，消费者对菜品、价格进行评估，当菜品性价比符合预期时，则决定购买。

在该阶段，消费者会经历查找菜品、比对菜品、选择目标菜品（或询问客服）、下单付款、配送五个环节。

（4）购后阶段，良好的用餐体验对消费者至关重要，消费者会通过线上评论与线下经验分享介绍用餐体验。

消费者对品牌的网络评价是一把“双刃剑”。该阶段正是引导消费者评论、种草，形成正面口碑、塑造品牌的最佳时机。

第二步：洞察消费者体验时刻

消费者线上点餐有菜品体验、视觉体验、内容体验、服务体验四大体验时刻。

（1）菜品体验：消费者了解菜品、口味、特色的介绍说明。

（2）视觉体验：消费者通过网店的视频、图片了解菜品、店铺。

（3）内容体验：消费者对用餐满意度进行口碑分享。

（4）服务体验：例如，第一时间告知消费者配餐时间，对有问题的菜品主动提出更换。

第三步：设计体验线索，提升购买体验

体验是一堆有价值的“感觉碎片”。

线索是消费者体验的重要价值锚点，也是消费者对菜品、店铺进行感知的主要途径。线索主要包括理性线索、感性“机械式”线索和感性“人本”线索。

（1）理性线索：要做到“菜品有特色、好吃不贵、物流便捷”。

（2）感性“机械式”线索：要做好“菜品的色香味与包装设计”。

（3）感性“人本”线索：要做到“客服人员用语温和，不与消费者争论”。

具体来说，线上餐饮店铺可从以下方面提升消费者的购买体验。

菜品体验：进行菜品体验创新，增加“菜品试吃”。可以邀请意见领袖试吃菜品，在体验后做出评价，拍照打卡，展示体验的效果。

视觉体验：对店铺进行装修，全方位展示菜品，提升店铺的视觉形象，让消费者感到菜品秀色可餐、环境优雅美观。

内容体验：增加菜品视频介绍，建立微信轻量内容平台。菜品的详情介绍能够提升消费者对菜品的认知。“消费评价”是消费者了解品牌口碑的重要来源，餐饮企业可以邀请品尝过该菜品的消费者现身说法，做客观评价，同时，也可以与业界的KOL合作，打卡种草。

服务体验：规范客服人员的声调、用语，增强物流便捷性。客服人员要有丰富的产品知识，能回答消费者的问题，提升消费者的用餐满意度。

好的体验带来消费者的复购，好的体验形成消费者良好的口碑。餐饮品牌要以服务为舞台，以产品为道具，以店铺为道场，以消费者为中心，创造使消费者难以忘记、值得回忆的体验。

7 开店战略

开店战略涉及的内容包括选址布局、门店经营分析、渠道创新发展、市场布局等。

7.1 选址布局

对于餐饮企业而言，选址是首要的关键点，选址选得好，就成功了一半。要提高选址的成功率，则需要科学量化的方法。

下面笔者介绍科学选址的四个法则。运用这四个法则，从空间维度由大到小逐步细化，就可以精确找到门店位置。

科学选址法则一：门店要选人流量大的地方

可以通过全日踩点法或时间段踩点法，判断商圈整体的人流量情况。经过实际踩点获得人流量情况后，通过门店流量漏斗模型就可以算出店铺的每日营业额。

科学选址法则二：门店要选人口密度大的地方

门店要选择人口比较集中、人口密度大的位置。要判断商圈周边三千米的人口密度，可以通过百度地图、高德地图查询商圈热图。

科学选址法则三：门店要选人气高的商圈

商圈是店铺对顾客的吸引力所能达到的范围，也就是顾客居住的地理范围。确定商圈先要确定轴心点。以门店所在的位置为轴心点，以习惯性距离为半径画出的就是商圈。对顾客来说，步行距离大概500米，这就是核心商圈半径；骑自行车的距离大概1~2千米，这就是次级商圈半径；开车的距离大概5千米，这属于边缘商圈半径。当然，不同门店的商圈半径可能各不相同，会受到当地人口密度、附近竞争餐厅、餐厅供应的菜肴、交通方式等因素的影响。以绝味食品为例，它首选的开店地址为人气高的商场，人口密度高、人口数量多的居民小区，同行聚集的街道和区域，以及大专院校等学区周围。

考察商圈时，以目标门店为中心，以500米、1.5千米和5千米为半径画圆，圈内是该区域的主要考察对象。一般来说，一家餐厅的中心商圈的顾客占55%~70%，次级商圈的顾客占15%~25%，边缘商圈的顾客只占5%~10%。比如你有一家50平方米的小面馆，它的商圈覆盖半径有300米就很不错了。如果你有一家500平方米的火锅店，它的商圈覆盖半径可能会达到1千米。如果你有一家大酒楼，其商圈覆盖半径可能超过10千米。这种划分商圈的方式比较适用于一、二线城市，对于三、四线城市而言，一个有特色的门店，哪怕只有500平方米，它的商圈覆盖全城也很正常，甚至会有跨城消费者。城市小，通行便利，有口碑的门店就会受到追捧。①

① 参考陈志强的《万店盈利：餐饮连锁盈利模式30讲》。

哪些商圈适合开餐饮店?

餐厅开店，首先是选择城市，其次是选择城市的哪个区域，最后是选择哪个地点。餐饮企业可开店的位置包括以下几个。

- 中央商务区、行政区：城市里的核心区通常都是市中心，该区域是开餐饮店的黄金位置。

- 地区性购物中心：Mall 与大型购物广场，如万象城、万象天地、奥特莱斯，是很多餐厅的首选之地。

- 社区购物中心：居民区附近的小型购物广场，人流量大，适合开设消费不高的快餐店，是面馆、烤串店的首选之地。

- 购物街、步行街：通常是一个很长的街道，人流量集中，是各式奶茶店、咖啡店、烤串店等新式餐饮的首选之地。

- 大型商店内部的消费区：某些知名餐饮品牌，如麦当劳、星巴克和肯德基会在大型商店或是百货商店内开店。

- 交通枢纽商圈：飞机场、高铁站、地铁站、火车站等交通枢纽，是很多餐饮品牌开店的首选之地，例如星巴克就在某一个高铁站开设了多家店。

- 小区、学校商圈：小区顾客稳定，中餐可能多些，如包子铺、饺子馆、面馆等小店满足居民的餐饮刚需。而高中、职业院校、大学周围适合开快餐厅和休闲餐厅，比如小咖啡馆等。

此外还有景点、产业园区、工业园区、工厂园区等人流聚集地，也是很多餐饮品牌的选择之地。

考虑到交通越繁华的地段租金越高的问题，餐饮企业必须计算成本，调查消费者的购买习惯，分析竞争对手的分布情况，从而选择最具优势的位置开设门店。蜜雪冰城主要选择在核心商圈和机场开设直营店，这些地方虽然房租成本高，但一般人流量较大、环境较佳，可以起到塑造品牌形象的作用。

资料来源：根据网络资料整理得到。

科学选址法则四：门店要选通行量大的地点

判断店铺位置时，需要将门店放在商圈、街道、商城的货架空间中来考虑，这种思维方式称为货架空间思维。门店的最佳位置就是在货架空间中最容易被消费者识别、寻找、进入的地点。

- 星巴克的门店选址：把整条街道看作货架空间

星巴克把整条街道看作货架空间，选择街道的黄金地段，开设临街旺铺。星巴克选择人流量多、转角的繁华地段，并关注街道停车位的多少、地铁与公交站的辐射面积、交通的便利性等，自然也就占据了重要的货架位置。

有人群的地方就有流量，人流量大的地方就有街道的黄金货架位置。因此，在选择门店位置时，应该选择人口较多或者流动性大的地方。

- 乐凯撒的门店选址：把整个商场看作货架空间

乐凯撒把整个商场看作货架空间，选择商场的临街位置或入口的显著位置，从而占据商场曝光量大的货架位置，让顾客第一时间看到，并且吸引顾客快速到店消费。

Shopping Mall（购物中心）的出现带来了新的赛道，每一个品牌都站在了同一起跑线，等待被顾客挑选。在 Shopping Mall 时代，顾客都是随机购买的，而随机购买就凸显了资讯服务的重大价值，这时候商圈导视的重要性就体现出来了。

因此，门店要么选择商场临街旺铺，要么选择入口处。抢占这些位置，不仅可以让顾客快速买到，还可以快速提高品牌知名度，塑造品牌力。为了便于判断店铺的位置是否合适，笔者特别设计了店铺位置判断表，如表 7–1 所示。通过对各项指标的评判，可以得出判断的最终结论。

表 7–1　店铺位置判断表

项目	分类	检查项目	检查栏
通行量	道路状况	通行量的现状	
		通行量的昼夜比率	
		车、行人的比率	
		道路是否拓宽	
		是否新设道路	
	标志	车站、超市等上面是否有餐饮店的标志	
		标志上是否有别的店面	
		附近是否有新设的可供人群集中的场所	
人流量的质量	竞争对手的区域开店状况	竞争对手的区域开店状况	

7.2　门店经营分析

7.2.1　影响门店业绩的三个要素

要想提升门店业绩，就要在人效、坪效、品效三个要素上下功夫。

1. **人效**

门店的人效是指人员的工作效率，通常是指日人效，用当日营业额与当日全勤出勤人数之比来衡量。提升人效要从服务流程、排班等方面着手，在此笔者不做过多说明。

2. **坪效**

坪效指单位面积产生的营业额。提升餐厅坪效有两个重要维度，一个是座位空间，另一个是出品时间。

首先是设计座位空间，提高客流量。

应规划餐厅各功能区域的空间比例，提高空间利用率。这个与动线有密切关系，例如把必备配送物品固化，把不必要的物品优化，库存日配或两日配。

要根据餐厅的占地面积、用餐人数来精心设计座位数，提高上座率。占地面积在快餐厅、休闲餐厅、正餐厅是不一样的，通常来讲，占地面积越大越宽松舒适。一般快餐厅的人均占地面积是 1 平方米，宽松一点可以达到 1.3 平方米，再舒服一点是 1.5 平方米，包间一般要达到 2 平方米。在开店的时候，放置多少桌椅需要经过计算。

例如，某餐饮门店根据调研发现，顾客群体中 2 人用餐的占 62%，4 人用餐的占 31%，6 人用餐的占 7%，假定要布置 60 个座位，应该如何布置呢？首先，根据历史运营数据中的用餐人数组合和所占比例，用加权平均法计算平均用餐组合人数，得出平均用餐组合人数是 2.9 人；其次，用总餐位数 60 除以平均用餐组合人数 2.9，得出餐厅应该设置的餐桌总数是 20.69 张；最后，用餐桌总数乘以各用餐人数组合的占比，得出最优的餐位组合，结果是 13 张两人台、6 张四人台和 2 张六人台。餐位布置问题对于很多餐饮店老板来说可能非常麻烦，但用上述的数据收集和数学计算方法就能很好地解决。

其次是控制出品时间，提升翻台率。

控制出品时间需要以秒为单位量化动作的每个环节，优化流程，使其用时最短，满足顾客单次用餐需求，进而提升翻台率。

3. 品效

品效指每一个产品给店铺带来的月度效益，影响品效的主要指标是菜品组合的销量集中度。

笔者在前文介绍产品战略时就提出餐厅要打造招牌菜，构建菜品组合。这是因为招牌菜的菜品组合的销量集中度越高，品效就越高，同时食材的利用率越高。招牌菜的销量集中度高，有利于提升厨房的动线和生产效率，凸显供应链的集采优势，进而最大化地降低采购成本。

7.2.2 门店营收与利润

门店的营收与业绩相关，店铺业绩等于总客流量乘以人均消费，而店铺利润等于总客流量乘以人均消费减去总成本（见表 7–2）。

表 7–2 店铺利润分析表

店铺利润 = 总客流量 × 人均消费 − 成本				
总客流量	**乘以**	**人均消费**	**减去**	**总成本**
选址定位		产品组合		房租费用
季节变化		产品定价		食材费用
政策变化		议价能力		人力费用
节日变化		门店促销		物料、营销费用
市场变化				水电气费用
服务水平				折旧和摊销

7.2.3 门店经营分析的要点

要打造店铺的品牌形象，就必须了解店铺内与品牌形象密切相关的所有要素，例如店铺的表现力、顾客群、经营方式等。表 7–3 所示的门店诊断表总结了打造店铺品牌形象所必须考虑的要素。

表 7–3 门店诊断表

表现要素	店名		店名释义
	形象颜色		颜色选择理由
	标志		标志设计理由
	卡通形象		卡通形象设计理由
顾客与店铺的匹配	现有顾客群		未来希望的顾客群
	顾客单价		
	营业时间		
	热卖品 / 人气菜品		希望销售出去的菜品
	被怎样的菜品和服务感动		
	与其他店的不同之处及优势		
经营对应	过去的促销方法		促销效果
	竞争对手		
	是否有开拓店铺的市场开发人员		
	开店条件基准		
	现在的店铺数量		
想法	想要打造什么样的店：		

7.3 渠道创新发展

对于餐饮企业来说，门店渠道有四大功能：一是获得流量；二是销售商品；三是提供消费体验；四是与顾客建立直接关系，获取顾客数据。

1974 年，日本商人竹田阳一初次接触到兰切斯特方程的概念时，发现了兰切斯特平方律，就是说整体战斗力和人数平方成正比，在商场上也有类似的体现。

为了便于对比，竹田阳一只研究业务产品较单一的公司。如果以公司过去三年的人均利润为纵坐标 y，产品的市场份额为横坐标 x，画出来的曲线非常接近一个二次函数的抛物线：

$$y=ax^2$$

曲线拟合的程度超过 70%。

通俗地说，如果 A 公司的市场份额是 B 公司的两倍，那么它的人均利润就是 B 公司的四倍。

这里，市场份额等价于战场上的兵力，利润等价于公司的整体战斗力。

可以这样理解，假设餐厅具有同等的盈利能力，那么餐厅的门店数量就代表了市场份额，尤其是在三、四线的下沉市场，可以说餐厅的门店数量就是市场份额。

7.3.1 传统线下渠道的品牌博弈

实体店铺曾是餐饮企业的核心渠道，城市 Mall 和步行街的繁荣，使餐厅成为闪闪发光的新生业态。当各城市 Mall、步行街、美食街如雨后春笋一般矗立在城市综合体的中心和周边，随之而来的连锁反应是，加快了众多餐饮企业的开店速度，进而推进了餐饮业的发展。

以线下门店渠道来说，Mall 商场的黄金位置人气高，但是如果按照投入产出比来计算，这个渠道未必是投入产出比最高的。为什么那些在商场里主营小吃的店铺，它们多数位置偏、店面小呢？为什么很多人气店铺会选择开在商场附近，而不是商场内呢？

客观地说，线下商圈的地段与商铺的位置决定了流量的多少，流量的多少决定了租金成本。对于一些不知名的小餐饮品牌，要付出更高的租金，才能得到好的位置。尤其是对于新开店的餐饮企业而言，门店租金的刚性成本只可能增长，不可能下降。

品牌的强弱影响了店租的博弈。例如星巴克、肯德基这些强势餐饮品牌，它们自带流量，就具有超强的判断力与议价力，这些知名品牌深受商场主的青睐，开设实体店时既能得到很好的黄金位置，又能获得免租金的优惠。依靠强势品牌，这些传统餐饮企业建立了高高的品牌城墙。

兰切斯特法则可以指导餐饮企业做好战略选择，与强势品牌开展差异化竞争。

华莱士、德克士、正新鸡排、蜜雪冰城等本土品牌避开强势餐饮品牌，走出了“农村包围城市”的独特渠道发展之路。

例如，蜜雪冰城通过渠道规模化战略三部曲，循序渐进，以数万店铺形成规模化优势。

渠道规模化战略第一步：开设街边店、校区店

面积：20~30 平方米，非进店式，买完即走。

选址：街边、商圈、学校、医院等人流量较大的地段。

运营模式：加盟。

战略任务：完成蜜雪冰城全国大规模复制，开遍全国每一条商业街、每一个校区，是蜜雪冰城全国战略布局的基础。

渠道规模化战略第二步：在交通枢纽、商场开店

面积：30 平方米左右。

选址：机场、火车站等交通枢纽和核心商圈等人流量较大的地段。

运营模式：直营 + 加盟。

战略任务：战略性投资，提高品牌知名度，树立品牌形象，提升品牌曝光率。

渠道规模化战略第三步：开到县城，渠道下沉

面积：10~20 平方米左右。

选址：县城的核心商业街、购物区、学校。

运营模式：加盟。

战略任务：大规模饱和开店，建立蜜雪冰城的规模优势，牢牢占据开店数量第一的位置。

7.3.2　以数字化平台引发渠道变革

随着科技的发展，渠道在变迁，从“位置为王”的传统店铺时代转变为“用户为王”的数字化渠道时代，这是新革命，也是新趋势。

瑞幸咖啡就是数字化渠道变革的模范生，其通过小程序、App、微信店铺等数字化渠道，构建“互联网＋餐饮”的发展模式，从而在传统咖啡品牌隙缝中占有一席之地。

如今，线上数字化渠道成为餐饮企业不可或缺的渠道。餐饮企业通过会员、小程序、App、天猫、微商城、社群、官方媒体矩阵等流量入口，构建数字化渠道的品牌流量池。例如，餐饮企业通过向会员发放卡券，进一步提高客户黏性和复购率。

数字化渠道助力“线上茶饮”，业绩提升显著

数字化渠道包括小程序、App、直播、电商及第三方平台带货等。喜茶、乐乐茶、奈雪的茶和蜜雪冰城都设有小程序点单功能。喜茶2020年线上点单比例为81%，其中有75.2%的消费者选择到店自取，24.8%的消费者选择外卖配送。小程序点单不仅减少了店内点餐设备的购置，而且不需要向第三方外卖平台支付佣金，从而降低了企业的运营成本。

资料来源：根据网络资料整理得到。

7.3.3 以数字化为基础的全渠道融合

依托他平台的流量红利只是短期的狂欢，并非经营者面临的常态。由于线上渠道成本的水涨船高，依托他平台的线上渠道变得不可控。“当企业的外部交易成本大于内部成本时，企业就停止了发展，转盈为亏。”这是科斯的交易成本原理的核心观点，餐饮企业也遵循这样的规律。

因此，当平台数字渠道变得越来越刚性的时候，企业就需要架构自己的以数字化为基础的全渠道。很多餐饮经营者的观念已经发生了转变，即立足线下实体店铺，在微信自媒体、小程序或独立站建立自己的线上店铺平台。

以卤味小吃品牌绝味食品为例，其在全国拥有上万家连锁门店，年销售额超过 60 亿元。在绝味成立之初，周黑鸭早已具有一定规模，且声名远扬。作为后来者，绝味挑战周黑鸭鸭脖王者地位的撒手锏是采取与其不同的连锁模式——渠道战略。

第一，构建线下、线上的一体化渠道。

绝味食品采用了线下、线上全渠道战略，实现全渠道品牌运营一体化管理。

首先，绝味食品构建了加盟为主、直营为辅的线下渠道模式。即在绝味的渠道体系之中，95% 为加盟商，5% 为品牌直营商，通过品牌资产和输出管理模式进行快速扩张，突出了终端经营主体的地位，提高其工作积极性。品牌直营商虽然份额较少，但能够直接触达顾客，能够和年轻人的生活紧贴在一起，知道年轻人的价值观和消费行为，从而实现终端制胜。

其次，紧跟互联网的发展步伐，打通线上渠道。

一是依托线下渠道的门店覆盖，在线下门店辐射的范围，通过外卖配送，触达更多的顾客，这部分顾客就是绝味的增量。

二是通过网店，利用互联网的效率，满足电商消费群体的需求，这部分也是绝味的增量。

三是依托线上渠道所产生的销售数据，通过数据分析，获得市场信息，指导绝味产品的区域调配和新产品的研发。

绝味食品在微信、京东等平台开设了网上店铺，拓展会员，构建了线上外卖、电销的数字渠道。通过信息化管理，实现了以数字化为核心的渠道融合。

绝味线上渠道的会员发展

我们看一段以前的数据：2016 年 4 月绝味数字营销体系正式上线，仅一年时间，2017 年 6 月官方注册会员已经突破 1800 万，购买转化率为 85%，复购率为 58%。2018 年会员人数超过 4500 万，2019 年一季度接近 4800 万，几乎以每月 100 万的速度增长，线上销售占半壁江山。

资料来源：根据网络资料整理得到。

绝味的线下店铺起到了市场传感器的作用，实现了“线上营销线下落地、多平台移动支付、外卖闪电送达、消费大数据分析”。

第二，线下渠道集中兵力，重点区域重点突破。

餐饮企业的渠道发展战略可以借鉴兰切斯特法则的弱者对抗强者的原理，即弱者的整体战斗力等于单兵战斗能力乘以兵力数量。

餐饮是竞争激烈的行业，以五力竞争模型做参考，每个餐饮品类都可以互为竞争者、替代者，例如中餐可以替代西餐，快餐可以替代小吃，火锅可以替代烧烤，等等。每一个餐厅所辐射的半径范围充满着多个直接或间接竞争对手，甚至是潜在的竞争对手。

绝味面对所在区域的多个竞争对手（竞争者、替代者、新进入者），集中兵力在核心城市开好店（提升单兵战斗能力）、多开店（增加兵力数量），通过扩大店铺数量，形成规模优势，在重点区域重点突破，建立自己的渠道优势。

绝味聚焦重点区域的渠道战略，促使它快速裂变，实现了差异化超越。绝味在长沙、深圳、广州、重庆、西安、上海、郑州、杭州、北京等重点城市的重点区域取得了绝对的优势。

对于绝味这样的连锁餐饮品牌而言，其庞大的终端店铺其实一直都在构建和扩张之中，这是渗透式的方式，看似一家或几家门店，实际上是一个几千米范围内的用户网络。

第三，建立供应链基础设施，为线下渠道铺路。

如果说线下渠道是车，那么供应链基础设施则是路，绝味通过供应链基础设施赋能渠道发展，真正做到"车到山前必有路"。

卤制食品是即食性产品，如何保障其新鲜度是渠道建设时所需要考虑的问题。为了实现及时的产品供应以保障食品的新鲜度，绝味食品构建了一个"紧靠销售网点、快捷供应、最大化保鲜"的全方位供应链体系。绝味食品每开拓一个新地区的市场，必定先建立相应的产品供应和物流配送体系。绝味食品以子公司作为向全国销售网络配送产品的生产基地，以最优冷链配送距离作为辐射半径，能够实现直接、迅速的产品配送效果，为提高效率、降低成本、保障食品安全提供了核心支持，也为绝味食品门店的快速扩张提供了坚实的供应网络保障。

绝味食品采用中心化和网格化的全流程管理策略，采用"一个市场，一个生产基地，一条配送链"的生产经营模式，这保证了品牌味觉体验的一致性，使品牌管理者能够从用户那里得到真正的反馈。标准供应链让门店的工作变得简单，就是卖产品、卖体验、做社群。

7.4 市场布局

对于连锁餐饮企业来说，门店的市场布局决定其成功概率和投资效果。门店的市场布局就是连锁餐饮企业的战略路线图。笔者总结了三个门店市场布局策略。

第一，门店市场布局要遵循围棋布局的起手式法则。

门店市场布局就如同围棋布局，要遵循“金角银边草肚皮”的起手式法则。首先是占“金角”，即把关键的“金角”位置占了，扎根市场，建立品牌认知。其次是借助“金角”势能，往“金角”周边开店，发展出市场区域的“银边”，逐步提高品牌知名度。最后就是利用品牌影响力，往棋盘中间的“草肚皮”扩张，覆盖更大的市场空间。

例如，蜜雪冰城的全国门店布局就遵循了围棋布局法则。

第一步：扎根“金角”即河南。扎根“金角”的任务就是将品牌扎根在消费者心智中，蜜雪冰城通过在河南市场的密集覆盖，建立了蜜雪冰城在该市场品类第一的品牌认知，同时为后续在周边省市发展创造了有利条件。

第二步：扩张“银边”即周边省市市场，释放品牌边际效益。借助“金角”势能，扩张到周边省市，例如发展到山东、河北、陕西、安徽等“银边”。蜜雪冰城步步为营，稳扎稳打，实现业绩稳定增长，释放品牌边际效益。

第三步：覆盖“草肚皮”即全国市场，实现品牌规模效益最大。蜜雪冰城以“连锁加盟”为战略重心，迅速覆盖全国市场、国际市场，收割最大的品牌规模效益。

第二，避强就弱，即避开强势竞争对手，到薄弱地带去发展。

兰切斯特法则告诉我们，只有避开强势竞争对手所在的市场，避免与强于自身的竞争对手发生正面交锋，选择强势竞争对手的薄弱地带切入，寻找空白机会点，才能获得生存和发展的机会。

德克士在布局中国市场初期，采取了“遍地开花”策略，在北京、上海、广州等一线城市与麦当劳、肯德基等强势品牌正面交锋，但由于强势品牌的夹击，加之金融风暴等原因，德克士在一线城市节节败退。德克士不得不重新定位，避开与麦当劳和肯德基两大巨头在一线城市的激烈竞争，转战三、四线城市，选择竞争对手最薄弱的地带发展。如今，德克士在三、四线城市获得了巨大的市场空间。

第三，集中市场覆盖优势，以压倒性优势建立根据地市场。

兰切斯特法则的三点攻战略认为，企业在发展某一区域市场时，首先按照自然的和人为的地理条件、人口集中度、人口移动规律等情况对区域进行细分，随后选择可连成三角形包围该区域的三个最有利点，各个击破，使占有率达到 40% 的相对安全值。

对于大部分以加盟为主的弱势连锁餐饮品牌而言，基于地理位置的接近、消费者口味的相似性，选择某局部区域市场，集中市场覆盖优势，密集开店蓄能品牌，助力扩张，以压倒性优势建立根据地市场是市场布局的战略重心。

例如，巴比馒头在上海大本营市场密集开店，以压倒性优势建立了上海根据地市场。截至 2021 年 8 月，巴比馒头的上海门店数超过 1300

家，对比在上海的其他品牌，例如大眼包子、小杨生煎、早阳鲜包均不到200家的门店数量，巴比馒头通过密集的网络布局抢先，以压倒性优势占领上海市场的核心点位，稳固了根据地市场。

特别需要注意的是，以上三种市场布局策略并不是孤立的，而是可以整合应用的，整合三种市场布局策略更能建立核心优势，赢得市场全局。

例如，古茗的市场布局战略就集中体现了以上三种策略：遵循围棋布局的起手式法则；避开强势竞争对手；在局部市场以压倒性优势建立根据地；逐步推进市场纵深，实现“农村包围城市”。古茗的市场发展路线非常清晰，从台州温岭大溪镇出发开店，然后布局台州各大乡镇，接着杀入台州市区，并以台州为中心辐射浙江、江西、福建等多个城市，然后再拓展到安徽、四川、重庆、湖北、河南、广东等地，一步步扩张，形成如今的古茗市场发展版图。

7.5 中国餐饮企业的全球化进程

企业竞争已经进入了高级阶段——全方位的立体竞争阶段，品牌竞争就是一种重新参与竞争的形式，基于某个单一元素胜出的品牌战略已经越来越少。

从商业社会的发展来看，西方国家的商业意识形态走在了我们的前面，西方的市场竞争也更为激烈。对于历经改革开放刚刚发展起来的中国，要在成熟的商业竞争环境中求生存、谋发展，着实不易。中国餐饮企业出海，任重道远。

中国餐饮企业要走向全球，打造全球化品牌，需要经营者具有三个认识。

第一，中国餐饮企业的全球化生存哲学。

品牌的塑造，需要“与时间做朋友”。在认识论上，有快商品，没有快品牌。在方法论上，有时代的企业，没有一直长红的企业。

一件商品在全球扩张的过程之中，借助航空物流网络，可以三天送达，这是快商品的特征；但餐饮品牌遵循另外一种生存哲学，其进入一个新市场，往往需要长时间的精耕细作，才能够站稳脚跟，在当地市场占有一席之地，进而建立根据地、稳步推进。这是餐饮品牌发展的一般时间规律，哪怕是麦当劳、肯德基这样的国际巨头也不能违背。

品牌是顾客在使用产品的过程之中产生的体验的总和，我们必须接受这个持久渗透的过程。餐饮品牌的核心是味道，一旦消费者形成了饮食习惯，则难以改变，这种习惯至少能够延续一代人的时间，而且只能融入，不能改变。这一切要交给时间，让时间来完成。

品牌是以消费者为中心的，品牌做得再好，也是被挑选的对象。对于品牌经营者而言，没有任何骄傲可言，只能战战兢兢地将自己打扮到最美的状态，练好平时已经准备好的台词，出来竞选，期待被消费者选择。

工业家的时代早就过去了，自我奋斗型的企业家的时代也快过去了，拥有创新精神的新企业家正在崛起，围绕消费者进行国际化创新、全球化发展，才是下一个时代品牌存活和发展的核心理念。在理念层面上，供给侧的工业品牌有自洽的使命和逻辑，而在全球市场，消费者主权是一切商业行动的指南针。

全球品牌运作的竞争制高点已经发生改变，之前，我们打造一个超级符号，就可以撬动市场，但是现在对于出海的餐饮企业来说，竞争的核心已经转向了供应链、产业链。提高在价值链上的地位，已经成为众多餐饮企业的追求。

借鉴围棋“金角银边”的起手式法则，将“战略引领，战术落地”，步步为营的品牌经营理念，纳入餐饮品牌全球化的运营系统当中，凝聚中国传统“知行合一”的儒家思想，是中国餐饮企业的全球化生存哲学和发展智慧。

第二，全球化发展的战略重心是建设供应链基础设施。

“要想富，先通路”，这是中国取得成功的秘籍之一。其实，在中国餐饮品牌走向全球的过程之中，也需要遵循同样的内在逻辑——要跨国出海，先通供应链的路。

一些餐饮品牌在出海过程中仅仅是做了一点战略级别的布点，比如，永和豆浆就在全球贴近华人市场的地区开了几十家店，这些只是一些经营试探，没有规模化，也没有形成供应链管理能力，这是无法成为全球品牌的。从现阶段和短期的观察来看，这是一种正常现象，也表明中国餐饮企业处在低段位竞争的状态。

在某种程度上，出色的供应链造就出色的全球品牌，出色的生态链成就出色的全球超级品牌。我们在前文已经谈到了建设食材供应链的重要性，一旦先行者做出了战略级别的供应链品牌，后面的企业要想参与竞争，难度会指数级增加。

蜜雪冰城在生态链的基础上，坚持高质低价的用户立场，已经有 2 万多家门店辐射全球。蜜雪冰城模式同样具备全球复制价值，为中国餐饮品牌出海提供了一个基础案例。这是用食材产地、工业制造和数字化管理将茶饮、冰激凌等食品再做一遍的思维模式，是基于供应链的成功经验，带动众多中国餐饮品牌一起出海的生态集群方式。

可以预测的是，中国餐饮企业在全球市场具有巨大的发展空间，一旦全球营销网络这一张大网建立起来，中国餐饮企业就会顺势打开全球市场。

当前，中国连锁餐饮企业走向全球面临很多问题，例如不同国家对食材的质量标准、食品的检测标准有所不同，中国企业要出海，必须从根本上解决这些问题，而解决这些一揽子问题的战略重心是构建涵盖“海外食材供应链、食品加工厂和全球化配送”的基础设施体系。

在国内，中国制造已经为餐饮企业的发展提供了战略基础，中国的供应链基础设施和本土经验正在为全球化发展提供实践经验。例如，一个稳定的供应链体系，在上面可以打造出十多个不同餐饮品类的品牌。这是绝味食品给我们的战略启示，也是新一代餐饮品牌出海的底气。

同时，历史给中国餐饮企业“走出去”提供了另一个战略机会，那就是数字化的发展。从永和豆浆、海底捞到蜜雪冰城，中国餐饮品牌对周边国家一些市场的部分覆盖，揭开了全球化战略的序幕。立足海外供应链基础设施与数字化的品牌经营，成为中国餐饮企业出海的新范式。

第三，中国餐饮品牌全球化的实质是文化的全球化。

品牌是烙印，准确地说，是商业文明在消费者心智中的文化烙印。简而言之，品牌的底层根基就是文化，品牌是一种意识形态，也是一种文化现象。中国餐饮品牌的全球化之路，实质是中国餐饮文化的全球化之路。

当人们津津有味地品尝肯德基、麦当劳、星巴克的产品时，实质是对这些西式文化的认可和认同。他们在宣传品牌的同时，输出了他们的西式文化。从价值理念、文化符号，到行事方法、经营思维，这是一种系统的商业文化输出行为。

每一个品牌在全球市场运营的时候，事实上都被自动嵌入本土的文化基因，最大限度地谋求全球化、国际化、时尚化。在全球市场，如何保持自己的文化，还能够被当地文化不当外人，需要采取精细的品牌营销战术行动。例如，我们在定位品牌价值、创作超级口号、设计超级符号、策划活动时，就要考虑到文化的全球化。

当中国餐饮企业依托中国餐饮文化，使中国式产品、中国文化直接触达海外顾客，让本地人喜欢中国餐饮，喜欢中国文化，实现以点带线，连线成面，就会建立起全球化的中国餐饮品牌。

中国餐饮企业要将中国餐饮文化封装为品牌，融合当地文化进行产品创新。之前，我们以为一个国家的文化是不可置疑的价值系统，现在一个国家的文化正在被品牌封装，打包分发到全球市场，供全球消费者挑选，接受文化挑选也是一种商业事实。当一个携带民族文化基因的餐饮品牌进入国际市场的时候，需要考虑当地文化，尤其是饮食文化，例如肯德基根据中国人爱吃米粉的文化，创新出米粉套餐，这就是对中国餐饮文化的融合。因此，未来中国餐饮企业在全球化的发展过程中，也要充分考虑到当地文化的特征，积极融合，进行产品与服务创新。

国内餐饮品牌与国际餐饮品牌两个品牌生态系的竞争，回到核心，就是文化竞争，两个文化一见面，比较是天然会发生的，这是宿命，文化强国和品牌强国是一体两面的事情。这种宏观和微观视角能够统一的认知基因，也是国际化品牌的内在素养。

从表面上看，中国的品牌走向全球成为全球品牌是一种经济行为，但放在历史的长河里观察，却是东方文化和西方文化接触、和解和融合的进程。

打造国际化品牌需要进行跨文化基因的嫁接，嫁接的过程比较痛苦，可能需要百年的反复历练，所以耐受苦难的基因必须具备，每一个出海的中国品牌，都是一艘漂泊在文化海洋里的小船。

因此，中国餐饮企业要实现全球化发展，需要新一代企业家具有全球视野，长期与顾客直接互动，嫁接当地文化，融合当地文化，让顾客产生路径依赖和形成生活习惯，然后将一切交给时间。

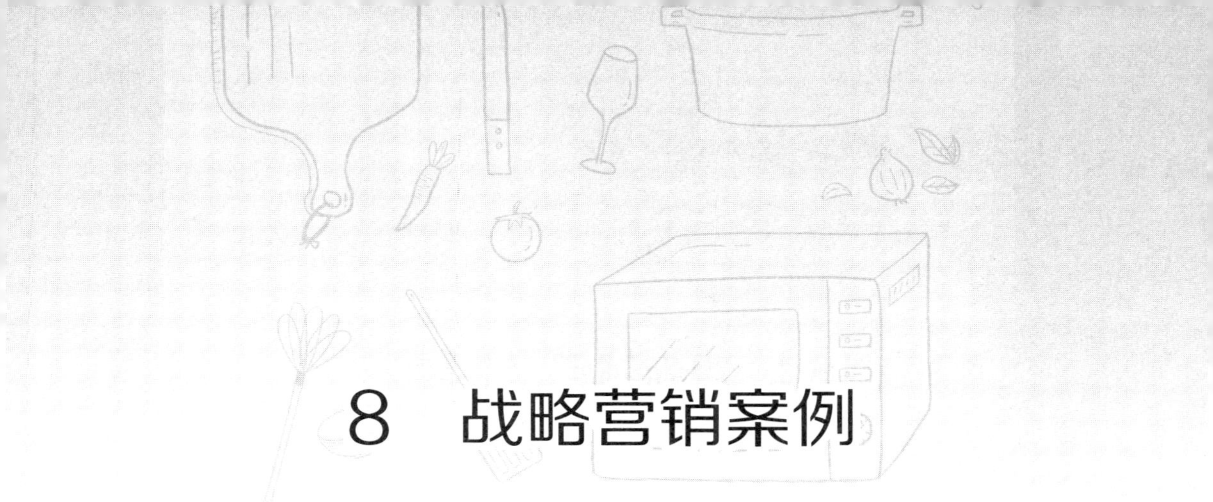

8 战略营销案例

品牌经营者在运作几百上千家连锁餐饮门店的时候，战略着力点就是构建品牌优先的管理框架，这是品牌资产的特性决定的。维护一家门店的品牌就是维护整个生态的价值，这是生态管理者的修养。

现在的商业环境对于单纯的模仿者并不友好，原因很简单，每一个优秀企业都是生长在动态的生态里的，你可以复制产品，但是无法复制整体的生态环境。生态制胜是品牌战略领域的原则，单一优势和多个优势形成叠加态，模仿者就很难贴近了。

克劳塞维茨说过："战略基本上就是一个资源配置的问题，成功的战略必须将主要的资源用于最有决定性的机会。"

迈克尔·波特认为，战略不是选择一个定位，而是选择一组独特的经营活动。

因此，战略营销就是以顾客为中心，从产品、价格、渠道、推广、品牌等维度找到决定性的机会和突破点，配置企业资源，构建一组经营活动，同时，以一组经营活动较高的效率来系统表达战略营销的目标。

8.1 重新制定企业战略

当面对一家具体门店的时候，单店的战略着力点就会自动回到产品。我们以香木香羊为例进行说明，这并不是超级品牌，而是一个成长之中的餐饮品牌。香木香羊是位于北京市郊的一家主营烤羊、烤兔、烤鸡、羊脑汤、八宝茶的餐饮企业，面对充分竞争的市场，需要构建企业战略和营销战略，打造令消费者念念不忘的餐饮体验，提升销售额，构建独特的核心能力。然而，如何构建企业战略和营销战略则是破局之关键。

通过对企业内外环境的分析，我们在企业发展层面制定了七大战略举措。

战略一：持续开店，全面提高店面的标准化程度和可复制性。通过加盟连锁、特许经营的形式，迅速在全国跑马圈地，建立起覆盖全国的网络。

战略二：抢占线上，发力构建会员体系，圈占用户，掌握数据。

战略三：形成连锁网络效应，建立覆盖全国的渠道运营管控能力。

战略四：与宁夏滩羊养殖户合作建立养殖基地，控制宁夏滩羊养殖的源头。

战略五：建设供应链体系，形成覆盖加盟连锁、特许经营的鲜配能力。

战略六：实施人才战略，加强组织建设，建立“铁军班”。

战略七：引入资本，通过融资加快宁夏滩羊基地与供应链网络建设。

在营销战略层面，我们总结了香木香羊的运作方案：产品上，顾客要认同；管理上，销售要见效；竞争上，对手跟不上。

那么，在产品问题上涉及三个命题：第一，找到产品的结构，就是我们要做哪些东西；第二，找到每一个产品扮演的战略角色和承担的战略任务；第三，找到产品的价值结构，就是产品推出的战略次序。

8.2 重新梳理企业的核心业务

对香木香羊餐饮品牌的核心业务进行重新定位，就是要将企业有限的资源调配到最有价值的机会中来，实战就是抓关键成果。

以烤全羊为核心产品的餐饮店，在北京这个餐饮市场里到处都是，生产能力已经不是关键了，关键在于基于市民生活方式的变化，围绕休闲生活这个结构化场景，构建准确响应需求的能力。

香木香羊餐饮品牌的核心业务是什么？这是一个消费看心情的时代，可以将香木香羊置入创造美好生活的休闲场景里，避开与市区餐饮企业的竞争，提供一个完整的消费场景。餐饮门店位于市郊，不能比人来人往的繁华环境，只能比取静的自然环境，这个餐饮门店周围有果林，有溪水，顾客除了过来吃饭，还可以在这样的环境里走一走，暂时忘掉一些事。北京的生活节奏快，人们压力大，自然会有释放自己、疗愈心灵的休闲需求。香木香羊餐饮品牌其实也只有一条路可以走：定位在休闲餐饮领域，做自己独一无二的特色产品。只有做与众不同的事，未来才能让竞争者无法与企业竞争。

市场刚性需求找到了，剩下的事情就是确定自己的业务组合满足需求，于是在经过实践正反馈之后，决定将“美味烤羊＋休闲体验”作为核心业务。

核心业务确定了，极致的招牌菜就成为唱大戏的主角。

8.3 用招牌菜和产品组合创造未来

招牌菜是餐饮品牌运营的先锋，也是与顾客接触的界面。

在香木香羊产品的排兵布阵中，我们要有重点，要选一个打头阵的产品，这个产品的战略角色和战略任务就是扩大市场份额和打响品牌。

例如，我们看到巴奴毛肚火锅以做到极致的毛肚为招牌菜，绝味鸭脖以做到绝味的鸭脖为招牌菜，太二酸菜鱼以做到极致的重口味酸菜鱼为招牌菜。实际上，我们进入餐饮门店消费的时候，遇到的是产品组合，但拿出来说事儿的，就是一道做到极致的招牌菜。

香木香羊当然会遵循这样的一个原则。在选择招牌菜时，要注意以下两点：第一，该产品自己要销售好，要证明已经成功；第二，该产品要打响品牌，品牌打响了，就有了品牌资产，就能带动店面其他产品的销售。二者结合，就形成招牌菜和品牌价值增值的良性循环。

拿出你的最佳组合，在最佳组合中选出一个最能打的产品，让它去完成战略角色和战略任务。在具体的竞争环境下，“做不同”比“做最好”更加具备操作性。什么是招牌菜？招牌菜就是产品中的佼佼者，是企业特有的、别人难以胜过的看家产品。

最终我们为香木香羊选择了“宁夏盐池滩羊烤全羊宴”作为招牌菜，原因在于，这个产品已经经过了市场的证明，顾客提供了很多反馈意见，这就是让顾客回想起来还流口水的产品。香木香羊一直选用宁夏盐池滩羊作为烤全羊的食材，这种选择自带原产地的口碑，证明我们不是内蒙羊，不是新疆羊，我们是宁夏羊。宁夏盐池滩羊素有“吃的是中草药，喝的是山泉水”之称，肉质鲜美，从而提供了认知差异性。

关于品牌机会，这里确实存在一个重新格式化市场的品牌机会。调研发现，市场上烤全羊及烧烤餐厅鱼龙混杂，没有行业主导品牌，甚至行业资深从业者也没有品牌认知。香木香羊管理团队的经营直觉告诉他们：机会来了。

在北京市场，没有品牌从原产地来区分烤全羊，香木香羊首先站出来称自己是原产地烤全羊，原产地烤全羊就成为一个品牌，至少占住了一个差异化的点，未来跟随者可能会打出内蒙烤全羊、新疆烤全羊，但香木香羊品牌会三分天下有其一。

既然是第一个发现了品牌定位机会，那就不要将机会白白浪费掉，接下来就要将产品做到极致，将招牌菜宁夏盐池滩羊烤全羊宴的一整套流程和工艺固定下来，形成自己的味觉识别系统。这是挖掘文化原力的事情，是品牌叙事。

确定了招牌菜后，超级符号是不能少的。按照招牌菜做先锋的原则，笔者和团队挖掘了宁夏滩羊文化，在滩羊古岩画的基础上，创造了一个识别性极强的超级符号，使其成为品牌的旗帜，打响香木香羊餐饮品牌。

符号的图案化符合传播规律，对于一般消费决策而言，好的视觉符号方便消费者认知，可以轻易地改变潜在消费者的品牌偏好，可以在短时间内发动大规模的购买行为，让品牌自动成为消费者的首选对象，也可以让一个全新的品牌在一夜之间成为亿万消费者的老朋友。

香木香羊的超级符号是一只羊，不用顾客去猜，一看就知道这家店是做烤全羊的。在符号设计过程中，我们选择了羊角卷的羊，因为宁夏盐池滩羊的角是卷的，这个羊图形来自有千年历史的贺兰山岩画。与超级符号组合的文字为西夏文，意为“香木香羊”，体现了香木香羊拥有西夏文化原力。

品牌名字和超级符号一旦确立了，后面自然会按照 CIS 系统的要求，导入规范的 VI 视觉识别系统，创造自己可控的媒介传播渠道。

人有视觉、听觉、嗅觉、味觉、触觉，符号指令首先要被五大感官识别。从五大感觉嫁接文化原力，就可以形成五个品牌符号化的路径，形成有效的符号指令，也就是购买指令。

作为特色餐饮品牌，香木香羊必须将品牌标识符号与顾客体验融为一体，从视觉、听觉、嗅觉、味觉、触觉出发，创造让顾客记忆犹新的品牌体验。其基于感官的传播系统如下。

视觉——西夏图腾文化、滩羊文化、美食文化。

听觉——宁夏民族音乐。

嗅觉——果木味、花果清香。

味觉——酥香味。

触觉——手撕烤羊。

体验——自烤；烤羊篝火晚会；夏天音乐趴；水果采摘。

超级符号和媒介组合的目的就是要在顾客的脑海里形成一个强脉冲，形成一个强体验，让顾客一辈子也忘不掉，这就是超级符号和媒介组合的价值。

毋庸置疑，产品是企业营销战略的核心要素。对于新品牌而言，要想在竞争激烈的市场中站稳脚跟，产品是关键，而招牌菜承担着为企业赢得未来的战略任务。招牌菜和超级符号结合在一起，在餐饮场景里能够营造一次完整的体验。

宁夏盐池滩羊烤全羊宴只是招牌菜，侧翼和背后还需要更多的特色产品进行支撑，形成一个矩阵结构，满足不同顾客的口味需求。

餐饮企业要有序地推出产品，明确先做什么，接着做什么，形成战略布局。每个企业的产品都是为了解决问题，通过产品组合覆盖市场，解决更多的问题，就可成为行业的权威专家，就能构建品牌的竞争壁垒。

香木香羊的产品结构里有六个产品，即宁夏滩羊烤全羊、滩羊烤全羊、烤兔、烤鸡、羊脑汤、八宝茶。我们在香木香羊产品结构里面重新组合，将宁夏滩羊烤全羊、滩羊烤全羊与羊脑汤分别组合成宁夏滩羊烤全羊宴和滩羊烤全羊宴的业务组合，先推出烤全羊宴，接着推出烤兔、烤鸡，再推出烤羊排、烤羊腿，八宝茶这个产品作为特色礼品，每位顾客免费送一杯。

在这个推进过程里，我们为香木香羊做的是什么呢？做的是一个价值结构，也就是我们说的产品结构，“宁夏滩羊烤全羊宴、滩羊烤全羊宴、烤兔、烤鸡、烤羊排、烤羊腿”这个产品结构就是品牌竞争的壁垒。产品结构带来成本的此消彼长，就是香木香羊未来的成本越做越低，而竞争对手的进入成本越来越高。

8.4 挖掘文化原力，实现品牌占位

认知心理学认为消费行为中存在一种映射关系，某些品牌很容易被

接受，是因为激发了顾客内心的一种认知原型，嫁接了文化原力，具有一种文化亲和力。因此，我们要设法去找到一种映射关系，而不是去标新立异，即使有标新立异的想法，也需要继承所有好的东西，再去做创新。

宁夏的千年文化就在那里，当香木香羊笃定自己就是千年文化的传承者的时候，就能够在历史里找到“千军万马”。原产地产品本来没有品牌，或者品牌表达意识很薄弱，这就是品牌占位的好机会。将隐藏的文化属性注入到产品和品牌之中，成为原产地属性的品牌，这是很多历史悠久的餐饮品牌长久生存的密码。

餐饮品牌要发现文化原力，并嫁接文化原力，通过文化原力创建购买理由，刺激消费者采取购买行为。文化原力指向过去，也指向未来。

香木香羊在研究烤全羊味道的时候，回到原产地，去寻找已经被抛弃的古法烤羊技术。香木香羊十多年来一直坚持用古法烤制，确保它的味道纯正。香木香羊的味道是什么呢？

调研发现，消费者喜欢吃香木香羊烤全羊，是因为其外焦里嫩的“酥香”味，“酥香”味是从消费者口中说出来的，这就形成了一种购买理由。香木香羊基于古法烤羊技术打造了外焦里嫩的独特“酥香”味，是酥香型烤全羊开创者。

定义一种味道，需要有自己的“配方”，实现独家所有。香木香羊烤全羊的配料是由创始人罗正阳通过多年研制调配的，是别的烤全羊所没有的。香木香羊坚持做传统的果木古法炭烤烤全羊，而非现代工艺的烤全羊（如电烤）。香木香羊的流程是这样表达的：食材精选宁夏盐池滩羊，佐料由36味中草药独家秘制而成，加上28道工序3小时手工果木古法炭烤。

这就是在定义一种正宗的味道，也是整个事业的关键成果，是可以一直讲下去的品牌故事，讲上一百年，就可以变成文化遗产。

精细的工艺可以让招牌菜形成“外焦里嫩，酥香四溢”的特色。当“酥香型”成了一个有力的词汇，“酥香型烤全羊开创者”也就成了一个超级购买理由。“酥香型烤全羊开创者”同时也是一句超级口号，如茅台的“酱香型”、五粮液的“浓香型”、蓝色经典的“绵柔型”、宝丰酒的“清香型”等白酒定位一样，“酥香型”也成了香木香羊最为重要的营销传播战略定位。

通过这样的品牌战略营销流程，餐饮企业就可以抓住关键成果，实现体验升级，形成顾客告诉顾客的良性循环，让企业运营效能实现飞跃。

9 构建战略中心型组织

营销对于企业的重要性是不言而喻的。营销是一种能力，是资源整合能力、市场竞争能力、策略运用能力，也是企业的动力系统，在很大程度上决定着企业的存续和发展。对于身处买方市场的餐饮企业来说，要想在行业的同质化竞争中脱颖而出，不被时代抛弃，必须重视营销组织建设与能力提升。当前很多餐饮企业销售乏力，品牌力弱，其中非常重要的原因就是企业缺乏营销协同能力。在竞争激烈的餐饮市场，餐饮企业必须提升营销团队的作战能力，适应市场竞争，增强竞争优势。尤其是转型中的餐饮企业，应建立健全营销组织，培育专业化的营销协同能力，打造一支职业化的营销队伍，这也是实现转型升级、持续发展的必然路径。

从广义上来说，营销团队不仅是企业内部从事营销工作的人。营销必须要融入、渗透到每个职能部门，例如研发、生产、质控、财务等。各部门应该相互交流，碰撞出创意火花，为消费者提供更优秀的产品。在企业发展中，市场营销关乎企业的每一个人，而不仅仅是营销人员。

9.1 餐饮企业为什么需要构建战略中心型组织

9.1.1 餐饮企业面临营销专业人才缺失带来的窘境

企业一旦成为战略品牌运营者，在人才使用上就会有一个标准的流程。

战略的实施是企业运营的重要业务，普通资产和设施很容易复制，但在人力资源领域会遇到巨大的挑战。当企业复制出一个完整的多层次的人才梯队的时候，企业战略落地的成功率会得到有效提升。

按照知名管理学者拉姆·查兰的观点，一家成功的企业需要完整的人才梯队，需要多层次的人才，不仅需要价值观领导者，也需要项目管理者、业务管理者、业务执行者，以及理解细节的操作者。要想将一个企业做好，并不是派一个干部过去，三把火一烧，马上解决问题。企业战略落地的基础工程就是在一个成熟的体系中，将人分成 A、B 角，在每一个梯队层次上都复制人才，所有人都在培养人，所有人都是示范者。

从总结出来的经验教训看，企业战略落地失败的原因主要就是没有遵循多层次人才梯队的标准，认为资本因素是主导因素，实际上，人才因素才是核心因素。

很多连锁餐饮企业的老板抱怨：“我知道营销很重要，也想好好搞营销，但你让我做，实在是有心无力，有想法，没方法。”其主要原因是没有构建能打胜仗的组织团队。

营销是系统化、专业化的职能，对于团队的知识和能力要求很高。

传统餐饮企业普遍缺乏营销专业人才，内部培养费时费力，很难在短期内造就合适的人才。如果对外招聘，则要么不来，要么来了也极易流失。营销专业人才匮乏是餐饮企业营销协同能力不能提升的重要原因。当然，近些年，随着奈雪的茶、绝味、蜜雪冰城品牌的发展，这些企业锻炼并培育了餐饮方面的营销专业人才。

9.1.2 构建战略中心型组织是应对变革与转型的必然要求

（1）满足多元化、多层级的价值需求。主力消费人群、消费方式、生活习惯等的变化带来更加个性化、多元化的餐饮需求，要求企业必须构建战略中心型组织，研究消费者心理和多层次价值需求，研究互联网等新技术，运用现代化的营销模式和手段，系统提升营销协同能力。

（2）提升运营效率。传统餐饮企业营销不给力，使得整个企业经营没有效率，甚至发展陷入停滞状态。只有构建战略中心型组织，提升营销协同能力，才能带动价值链上各个环节的快速响应和协同共振，提升企业整体的运营效率。

（3）应对行业变革整合。餐饮行业的洗牌日益加剧，马太效应凸显。行业内外各种势力和资本都在加紧布局和占位，而且无不是在营销方面花重金，搭建专业化营销组织，研究消费者和市场，创新模式和策略。传统餐饮企业应构建战略中心型组织，以应对行业洗牌。

9.1.3 营销在餐饮企业中有两项重要功能

德鲁克说，企业的两大基本职能是营销和创新。营销是企业不可忽视的一件事情，对餐饮企业而言，营销是企业最为重要的职能之一。同时，营销必须有自己的落脚点，必须在企业活动领域中找到落脚点。否则，营销就不是一项不可或缺的专业职能，就成为一件临时性的任务，可有可无。企业的事情必须落实到责任人、责任部门，而不能停留在一种观念上，必须实现从战略到战术的落地。

对于餐饮企业而言，在营销部之下会设置销售与市场岗位。通常，人们对销售与市场的认识是，一个是收钱的，一个是花钱的。这只是非常表面的认识。其实，销售职能覆盖的是分销过程和零售过程，主要是对分销商和零售商施加影响；而市场职能覆盖的是消费过程，主要是对消费者施加影响。换言之，必须对分销商和零售商施加影响，产生强大的推力；同时，必须对消费者施加影响，产生强大的拉力。只有这样才能确保产品顺利通过分销过程和零售过程，进入消费过程。就好比一个物体，要想使其前行，必须一拉一推，推拉结合。根据市场的供求关系原理，只有通过影响消费者产生需求——有人购买，才能激发分销商和零售商的销售热情——有人售卖。

因此，营销在另一个层面上，或者说，在更高的层面上，对分销商、零售商和消费者施加影响，从而构建、维持或深化企业与分销商、零售商乃至消费者的关系。所谓构建供求一体化关系，就是确保企业的产品能够顺利地通过分销过程和零售过程，到达消费者手中，确保企业再生产过程的良性循环。营销的职能就是“架桥”，开通从分销商、零售商到消费者的桥梁。销售和市场的职能就是“开车”，推动产品顺利通过各个路段进入消费过程。

营销职能发挥得好坏，决定着企业通向市场的道路是否通达，决定着企业与分销商、零售商乃至消费者的关系是否紧密。在现代社会，谁都知道要投入大量资源建设高速公路，让车辆跑起来，跑得更快更远。但遗憾的是，很多餐饮企业不知道要建设通向市场的快速通路，不知道要构建供求一体化关系。其中很重要的原因是，受主流商学的影响，只见表象不见本质，看不见“产品－货币”转换背后存在着的“企业－顾客”关系。

9.2　餐饮企业提升营销协同能力的着力点

现在很多企业都将注意力放在关键流程而不是部门上，因为部门组织可能成为营销执行的障碍。很多企业委任流程主管，让其管理包括营销人员和销售人员在内的跨部门团队。因此，营销人员对自己的团队负实质上的责任，而对营销部门只负名义上的责任。

提升营销协同能力不是简单的一句话，而是要基于企业战略和独特的经营模式，系统构建企业的营销组织，培育各项专业化的营销模块。要从消费者需求出发，建立一个系统化、专业化的营销服务与支持平台，形成以专业分工为基础、协同运作为目标的企业内外部服务链条。

9.2.1　市场调研

很多餐饮企业意识到自己还没有真正做到以市场和消费者为导向，而仍是以产品和销售为导向。要转变成一个真正以市场为导向的公司，需要对消费者开展市场调研，可以采取以下措施：①激发全公司对消费者的热情；②围绕消费者细分市场而不是产品进行组织构建；③通过定性研究和定量研究了解消费者。

对餐饮市场进行调研的关键是要走进消费者的购物环境，了解消费者的生活片段，这个片段里面有时间、地点、人物、购物过程和情绪等，所有的这些都要做到历历在目。一切工作都要基于“现场、现物、现实”原则，即到现场去，看到现物，记录现实。针对消费者的调研，通常可以采取定性市场调研法、定量市场调研法。“消费者使用习惯及态度”调研框架如表 9–1 所示。

表 9–1 “消费者使用习惯及态度”调研框架

调研方法	方式与样本量	调研工具
定性调研：焦点小组访谈	**访谈调查：**选择 ×× 消费人群、大学生人群，共完成 10 场访谈	访谈大纲
定性调研：门店观察	**访谈调查：**观察店员销售、消费者购买现场	观察清单
定量调研：目标人群抽样	**问卷调查：**选择北京、上海、广东、浙江、江苏等地的人群为样本，用线下拦截方式完成 400~600 个样本的问卷调查	定量问卷

尽管消费者导向是必要的，但这并不够。企业同样也必须具有创造力。现在的企业正以日益增长的速度不断模仿其他企业的优势和战略。当所有的企业越来越类似时，差异化就更难以实现了，边际利润也会消失。唯一的办法就是创建企业战略革新和想象的能力。要做到这一点，企业就要有能够产生比竞争对手更多更好新想法的工作流程、技能和方法。企业也要尝试打造鼓舞人心的工作空间，帮助激发新想法和想象力。

企业必须关注潮流，并时刻准备利用潮流。如果市场领导者倾向于规避风险，仅仅固守现有的市场和物质资源，并且更关心效率而不是创新，他们就可能错过时代潮流。例如，雀巢没有像星巴克那样看到咖啡馆的潮流，蒙牛、伊利没有像钟薛高那样抓住新消费潮流。相反地，茅台推出了茅台冰激凌专卖店，尝试抓住新消费趋势。

9.2.2 品牌管理

传统餐饮企业往往没有品牌管理部门或职能，有的企业即便有，可能也是配角，要么是运营、营销部门的下属辅助机构，要么缺乏专业化的品牌人才。说实话，其品牌经营和管理几乎无从谈起。要想改变，就必须逐步建立健全品牌管理部门和职能，招聘和任用专业化的品牌人才，打造系统化的品牌管理体系。为实现这一目标，关键是要把品牌建设放到企业战略的高度上，树立品牌经营的决心，否则仍是空谈。

品牌管理，首先需要品牌组织和团队对品牌与传播有深刻的认识和理解，如果脱离了底层认知逻辑，做起来就会出问题。要对品牌与传播进行认知，读者可以参考笔者前面所写的品牌五大原理、传播五大原理以及品牌价值定位、品牌广告语、品牌视觉创意等方面的内容。

企业进行品牌管理除了需要储备专业知识外，还需要专业的品牌组织和团队做保障，并建立一整套的制度、规范。笔者建议中小型或单一品牌经营的企业采用职能管理制，大型或多品牌经营的企业采用品牌经理制。

1. 中小型或单一品牌经营的企业采用职能管理制

采用职能管理制，就是在企业设置专门的品牌管理部门，但考虑到企业规模和实力，可以退而求其次，在营销部门下设专门的品牌职能，根据职责在部门内进行专业分工并配置相关岗位人员，如策划专员、媒体专员、市场调研专员、设计专员等。职能管理制的优势在于由专业管理人员负责品牌管理，提高了管理水平；劣势是跨部门的横向沟通与协同比较难，沟通成本高。

2. 大型或多品牌经营的企业采用品牌经理制

采用品牌经理制，就是按品牌线设置品牌经理，分品牌管理。品牌经理不仅要关心新产品的开发、生产和销售，还要关心产品和产品线的发展，以期利用品牌知名度获得最大的经济效益，这也对品牌经理的综合素质和能力提出了很高的要求。品牌经理的主要职责是：制订产品开发计划并组织实施；确定产品经营和竞争战略；编制年度营销计划，进行营销预测；设计品牌传播推广计划并组织实施；收集有关该品牌产品的资讯，改进产品，以适应不断变化的市场需求。其他职能部门围绕该系统开展工作。对于拥有多个品牌的企业，采用品牌经理制是比较有效的方式，能够保证各个品牌之间的协调发展，以及品牌经营、管理的一致性和延续性。

9.2.3 持续改善

持续改善方法是日本质量管理大师今井正明在《改善：日本企业成功的奥秘》一书中提出的。持续改善意味着改进是涉及每一个人、每一环节的连续不断的改进：从最高的管理部门、管理人员到工人。

持续改善，就是要培养把问题当问题看的眼光，如果没有发现问题，就说明没有把浪费当浪费，没有把异常当异常，没有把问题当问题。在营销层面上，持续改善就是要做到以下几点。

（1）做同一件事情时，每一次都比上一次做得更好，并能说出好在哪里。

（2）不用花钱就带来价值。例如，如果你的销售增长了10%，但却是用增加2亿元广告费换来的，则得不偿失，而且不可持续。如果是用更改包装设计和终端陈列换来的，就是改善。

（3）解决问题“不二过”。通过解决问题，做到让问题不再发生。

（4）总结上次与这次的营销传播经验，如果同样的花费之下，这次比上次多销售5%，就是改善。

（5）持续改善来自时刻思考，要无时无刻不在思考，对每一个环节进行改善。通过日积月累，就可以活在他人想象之外。

9.2.4　组织建设

不同的餐饮企业所处的发展阶段不同，只要企业的营销组织与其所处的发展阶段相匹配，能够最大化地提升营销效率，就是最适合的营销组织。笔者根据餐饮企业所处的三个阶段——初创期、成长期和成熟期，对营销职能进行定位，在此基础上提出营销组织建设的方法。

1. 初创期餐饮企业营销组织建设

处于初创期的餐饮企业，在实力、规模、品牌等方面都比较弱小，此时老板或者合伙人会直接垂直主导营销工作，定战略、带领营销团队开拓市场。

在初创阶段，决定经营业绩的往往是产品特色与销售渠道。产品有特色才能吸引更多的消费者，并快速形成口碑。因此，要充分发挥产品管理职能，例如卖点提炼和包装设计，产品上市后要收集消费者反馈意见，为产品推广提供信息支持。餐饮企业可以策划一些小而美的促销活动，让消费者试吃，积累顾客关系。还可以尝试开放线上销售渠道，增加流量和业绩。

在这个阶段，营销组织建议采用直线制，由老板或合伙人直接负责和管理。可以设置 1~2 名产品人员、1~2 名渠道人员，同时设置 1 名策划专员和 1 名推广执行专员，做一些专业化的策划与推广。

2. 成长期餐饮企业营销组织建设

处于成长期的餐饮企业往往有了一定的规模、实力和人员，也想把企业快速做强做大，实现公司化运营。这时候就需要更专业化的营销协同能力，扩充营销队伍，逐步建立专门的营销职能平台。建议采用职能制，由有营销专长的合伙人或职业经理人负责管理。

在成长阶段，需要进行市场扩张，所以要发挥市场研究职能，通过对各种信息的调查和分析，为企业扩张的战略决策提供依据。相对于初创期，这一阶段的产品管理也更细分和专业，产品生命周期管理、新品上市策划等能力需要不断完善。品牌管理也要提上日程，品牌定位、品牌传播等工作都需要专业化的能力。同时，相关的活动策划与推广执行也要跟上。

在成长阶段，市场研究、产品管理、活动策划、推广执行、市场拓展等职能最好通过招聘培养专业化人才，自主发育，对每一项职能都需要配备少量专职人员负责。当然，市场研究工作也可以适当借助一些专业调研机构。品牌管理、顾客管理、线上平台建设等工作可以采用外包形式，由专业服务机构协助完成。营销部门各配备 1 名专员与外包机构对接沟通，并负责按照标准流程和方法进行日常管理和维护。

3. 成熟期餐饮企业营销组织建设

到了成熟期，业务就进入了稳定期，大多数餐饮企业会开展多品类、多业态、多品牌经营，甚至有些会尝试跨界整合或产业运作。营销是企业整个供应链的龙头环节，主导整个企业的远景、使命和战略规划，具有重要的决策和规划地位。营销职能将跨越部门墙壁，融入企业经营的方方面面。建议企业总部采用产品经理制、品牌经理制，由综合能力很强的经理统筹管理供、研、产、销等环节；各品牌事业部（分 / 子公司）内部根据专业分工，设置相关职能与总部对接，配合总部实现全链条管理。

在这个阶段，整个营销系统大多都是按照产品 / 品牌经理制管理，总部需要给经理人配置专业化的市场调研、产品管理、品牌管理、市场开拓、活动策划与执行等人才队伍，自主发育完善这些职能，实行团队作业。线上平台（CRM / 会员系统）的功能将更加强大，在满足各品牌业务需求的同时，打通信息链，实现资源共享、协同发展。

处在成熟期的餐饮企业已经具备很强的资源和能力，考虑到经营效率和安全，建议营销职能发育和平台建设以我为主。当然，可以在特定的领域，借助外部机构开展一些专业性很强的临时性、阶段性工作，必要的时候也可以通过异业联盟、跨界合作等方式整合嫁接资源，推进产品、品牌、推广促销、顾客关系等能力的优化与提升。

9.3 餐饮企业如何建立战略中心型组织

战略执行是塑造企业管理、形成企业价值最重要的因素，战略执行能力可能比战略本身更为重要。今天的组织需要有一个共同的语言来沟通战略、流程和系统，以帮助他们成功地执行战略，并获得对战略的反馈。

《战略中心型组织》由管理学大师罗伯特·卡普兰和戴维·诺顿所著，他们是平衡计分卡的创始人，在该书中首次将平衡计分卡从绩效管理工具上升到战略管理工具。自从1996年在中国实施第一个平衡计分卡项目以来，中国已经有数百家企业建立了平衡计分卡战略管理系统，中国的企业组织通过这一方法的本土化应用，有效地描述、衡量和管理战略，并取得了斐然成绩。

9.3.1　战略中心型组织的原则

原则一：把战略转化为可操作的行动。平衡计分卡提供了一个框架，帮助组织以统一、有启发性的方式来描述和沟通战略。

原则二：使组织围绕战略协同化。协同是组织设计的最高目标。

原则三：让战略成为每一个人的日常工作。所有的员工都要理解战略，并且每天的工作都围绕战略进行。这不是一个自上而下的指令，而是一个自上而下的沟通过程。

原则四：使战略成为持续的流程。将战术管理（包括财务预算和月度回顾会议）与战略管理融合成一个无缝的持续流程。

原则五：高层领导推动变革。建立战略团队、召开高层会议和开放式沟通是转型期治理流程的核心要素。

9.3.2 行之有效的管理方法

战略中心型组织帮助企业把战略转化为可操作的行动。企业通过战略地图、平衡计分卡构建“可描述，可衡量，可管理”的战略协同组织，从财务、顾客、内部流程、学习与成长四个角度全面提升企业的整体运营效率，实现战略目标。

（1）财务角度：从股东角度来看的增长、盈利和风险战略。

（2）顾客角度：从顾客角度来看的价值创造和差异化战略。

（3）内部流程角度：用以提高顾客和股东满意度的各个业务流程的战略重点。

（4）学习与成长角度：用以营造支持组织变革、创新和成长的组织氛围的战略重点。

下面我们以 W 餐饮企业为例，从财务、顾客、内部流程、学习与成长四个角度阐述如何把战略转化为可操作的行动。

9.3.3 W 餐饮企业如何成为战略中心型组织

W 餐饮企业是一家年销售额数亿元的企业，由于竞争加剧，内部运营水平远低于同行业，企业遭遇到了业绩增长停滞的状况。在咨询公司进入 W 餐饮企业，重新进行了市场定位，运用战略地图、平衡计分卡构建战略中心型组织的两年后，W 餐饮企业的业绩得到了很大的改善，不仅提升了企业利润率，大幅降低了成本，三年后实现了战略目标，更重要的是，W 餐饮企业培养了竞争对手不易模仿的独特能力，提高了整体运营效率，能够持续保持竞争优势。

1. W 餐饮企业的使命和战略目标

使命：为顾客提供美味实惠的产品和优质的服务，成为中国最优秀的快餐企业。

具体表现为：期望给予每一位顾客美味的食物和舒适的用餐环境，期待顾客再来；期望为员工提供良好的福利制度、完善的选拔制度和多层次的培养体系；期望将此大家庭的成员扩展到事业上的各种伙伴，包括加盟伙伴、供应伙伴等；期望永远在中国市场上领先，拥有最好的人才及足够的财力做该做的事；期望保持最佳的盈利状态。

战略目标：三年内实现销售额 10 亿元，利润率达到 30%。

2. 把战略转化为可操作的行动

W 餐饮企业曾尝试过产品领先战略，通过突出其独特的产品特性，使自己的产品区别于竞争对手。然而，W 餐饮企业的主要竞争对手随后也采用了类似的战略，这大大抑制了 W 餐饮企业产品差异化战略的发挥，大部分的竞争仍然集中在价格和地点两方面。由于餐饮行业的特征是人力密集、原材料成本浮动较大，并且产品属于日常消费品，因此 W 餐饮企业和其他竞争对手主要着眼于模仿产品和降低成本两方面。

W 餐饮企业在规划新战略的时候，不能仅仅考虑降低价格。由于一些竞争对手也采取低价策略，因为他们没有研发成本，所以成本领先战略将很难长期实行。W 餐饮企业需要的是增长和差异化战略。他们希望吸引到特定的顾客群，如对 W 餐饮企业的需求高出平均水平的顾客、愿意选择高品质食材的顾客、愿意为优质服务支付更高价格的顾客。因此，W 餐饮企业制定了“两条腿走路”的战略：①在价值链各个环节降低成本，提升运作效率；②开发更多高价的产品和服务。如果该战略获得成功，W 餐饮企业的利润将大幅度提升。

（1）引入战略地图的背景。在制定企业战略后，战略管理过程完成了第一步，而接下来的环节尤为重要，必须将战略思想转化为战略行动。绘制战略地图可以更好地使战略制定与战略实施结合起来。通过战略地图可以清楚地描述出 W 餐饮企业的成功之道及未来发展规划：为顾客提供美味实惠的产品和优质的服务，成为中国最优秀的快餐企业。支撑点分别为收入和生产两个部分，以企业使命为起点，收入增长策略和生产率向上策略分别从财务、顾客、内部流程、学习与成长四个层面分解为存在因果关系的战略主题，然后绘制战略地图。

（2）W 餐饮企业的战略地图。W 餐饮企业首先确定了财务目标：三年内实现销售额 10 亿元，净利润率达到 20%。

财务角度

W 餐饮企业从财务角度确定了两个战略主题：生产力战略与收入增长战略。

生产力战略由两个部分组成，分别是降低成本和提升现有资产的使用效率，成本将通过运营成本与行业综合水平之比来衡量，目标是成为行业内成本管控的领先者。

第一，保持成本优势，采取更高效的经营模式。效率的提升有利于降低成本以获取更大的利润。W 餐饮企业首先通过构建供应链体系，降低采购成本，同时提升配送效率。其次是提升员工点单、制作餐品、取餐送餐等的工作效率。

第二，最大化利用现有资产。W 餐饮企业采用投资回报率描述财务业绩，关注资产投入、产出、利用及顾客价值指标，提高资产利用率和投资回报率。除了有限资产外，W 餐饮企业还最大化利用无限资产，例如品牌资产、人力资产、信息资产、组织资产。

W 餐饮企业的收入增长战略也由两个部分组成：第一部分是增加店面收入，增幅需要超过行业平均水平；第二部分是提升高客单价产品在总销售中的比例。因此，W 餐饮企业选择了两个指标来衡量收入增长战略的达成情况：一是销售额增长率与行业平均增长率之比，二是高客单价产品销量占比。

第一，增加收入机会，实现持续的收入增长。持续的收入增长是企业发展的动力。W 餐饮企业保证产品质量，开展全面行动，增加顾客价值，实现持续的收入增长。

第二，提高资产利用率和顾客价值。W 餐饮企业采用投资回报率描述财务业绩，关注资产投入、产出、利用及顾客价值指标，提高资产利用率和投资回报率。W 餐饮企业最大化地使用门店资源和企业资源，宣传企业的服务理念，积极探索门店的新业务、新形式，注重顾客价值的转化。

第三，提升高客单价产品的销售占比。开拓新产品、高客单价产品，提升产品竞争力。

通常，生产力战略和收入增长战略并存是导致企业战略失败的常见原因。当企业面临这类明显相互矛盾的战略时往往会感到困惑，最终只能选择其一，对很多企业来说，这是有巨大风险和挑战的。企业可以通过平衡计分卡准确清晰地描述容易产生困惑的问题，使得组织内部价值链的各个环节都充分地了解如何平衡这两种看似矛盾的财务战略，并有效地进行管理。

顾客角度

企业战略的核心在于将企业的内部流程连接到顾客维度的成果，也就是企业提供给顾客的特定产品和服务。从顾客层面来看，餐饮企业要谋求长期发展，良好的顾客体验是一个不可缺少的重要因素。

W餐饮企业提出要“为顾客提供愉悦的消费体验”，但是如何衡量顾客的消费体验则需要一套新的衡量体系：“神秘顾客”打分。W餐饮企业邀请第三方独立打分者不定期到直营店、加盟店消费，然后根据15项要素为W餐饮企业评分，每个月“神秘顾客”对某个店的综合评分将作为顾客满意度的评价结果。

由于加盟店占W餐饮企业总店面的比重超过50%，所以要让顾客获得很好的体验，还需要加盟店提供良好的服务，这就需要借助加盟店的力量共同执行新战略，在每一天的工作中将这些战略意图传递到每一位顾客。可以说，每一个加盟店都是W餐饮企业新战略的关键点。

与以前大不相同的是，W餐饮企业增加了一个“提升加盟店利润率”的目标，要让所有的加盟店达到行业内最高的利润水平，以便吸引和保留最好的人才。

更多的销售来源于多方面：一是市场份额的提升；二是高客单价产品销售占比的提升，以保证更高的利润；三是业务技能的提升，以销售更多的产品，提高顾客满意度和加盟店美誉度。

内部流程角度

有了对财务角度和顾客角度的一系列战略目标和衡量指标的清晰认识后，就要着眼于内部流程角度。为了支持顾客角度战略目标的达成，W餐饮企业在内部流程角度明确了五项重要流程。

第一，对产品进行严格的标准化管理。

第二，科学的利润管理，产品结构体系梳理，产品创新与开发。

第三，直营店、加盟店拓展，新店选址与开发。

第四，构建供应链体系。

第五，品牌视觉体系建设，品牌传播与营销推广。

第一个、第二个与第五个目标表明要为顾客提供愉悦的消费体验，第三个与第四个目标是为顾客角度的“双赢的直营、加盟合作关系”和财务角度的目标提供支撑。值得关注的是，在加盟店取得行业内最高利润水平的同时，W 餐饮企业的利润分成也得到了提升。因此，W 餐饮企业认识到，一个重要的内部流程是加盟店的标准化规范和业务技能的培训。

除了聚焦于优化顾客目标的流程，W 餐饮企业从内部流程角度设定了一些关于产品、服务和供应链的战略目标和衡量指标。这些战略指标主要聚焦于提升顾客体验、降低成本、保障服务质量、提升资产利用率、避免安全事故，而且这些指标大部分都与财务角度的战略主题相关。

为什么在强调顾客体验和降低成本的同时还要设立与品牌建设（例如品牌视觉体系建设、品牌传播与营销推广）相关的战略目标和衡量指标呢？答案很简单，因为 W 餐饮企业的产品很容易同质化，顾客对餐饮品牌的感知，除了来自产品和服务外，很大程度上来自品牌视觉、品牌定位，这些要通过品牌视觉体系建设和营销传播来实现。

学习与成长角度

最后一个角度战略目标的实现是 W 餐饮企业整体战略达成的基础。W 餐饮企业项目小组在学习与成长角度开发了三个战略目标。

第一，提升核心能力与技能。鼓励并协助员工全面掌握核心业务，提升员工的技能水平，以达成愿景和目标。提升领导力，以正确传达愿景和目标，加强对业务的全局思考，并开发员工潜力。

第二，及时了解战略信息。及时获取与战略执行相关的信息。

第三，营造组织氛围。为了达成愿景，需要促进对组织战略的理解，营造积极主动、充分授权的组织氛围。

为这三个战略目标设定具体的衡量指标是不容易的，W 餐饮企业所设定的相关指标包括战略性技能覆盖率和数字化管理体系建设的战略性信息准备度。针对组织中的个人，W 餐饮企业设定了个人计分卡和员工满意度的衡量指标。

学习与成长角度的战略目标确定之后，W 餐饮企业的新战略已经完整地呈现出来，但这只是建立战略中心型组织的第一步，即将愿景和战略转化为一系列的战略目标和衡量指标（见表 9-2）。我们可以通过战略地图的形式直观地展现四个角度各战略目标之间的因果关系（见图 9-1）。

3. 基于战略地图的绩效考核体系

前面对 W 餐饮企业的战略进行了详细的规划，为了有效实现战略目标，需要一个与之相匹配的绩效考核体系。

我们按照平衡计分卡的模型构建了一个评价体系。平衡计分卡是从财务、顾客、内部运营、学习与成长四个角度，将组织的战略落实为可操作的衡量指标和目标值的一种新型绩效管理体系。

平衡计分卡的开发并不是要找到唯一的衡量指标，也不是参考其他标杆企业所采用的衡量指标，而是应该考虑竞争环境、顾客喜好、自身情况等因素，遵循以下步骤。

表 9-2 W 餐饮企业营销战略平衡计分卡

财务角度 Finance	收入增长战略 生产力战略	F1 增加店面收入 F2 提高资产利用率和顾客价值 F3 成为行业内成本管控的领先者 F4 最大化利用现有资产	■ 单店销售额和利润、店面数量 ■ 销售增长率、行业内净利润排名 ■ 高客单价产品销售占比 ■ 成本控制 ■ 现金流
顾客角度 Customer	为顾客提供愉悦的消费体验 双赢的直营、加盟合作关系	C1 为顾客提供愉悦的消费体验 C2 双赢的直营、加盟合作关系	■ 目标顾客市场份额 ■ “神秘顾客”打分 ■ 顾客打分 ■ 直营店与加盟店利润增长 ■ 加盟店满意度
内部流程角度 Interior	建立标准化的管理体系 建立加盟商体系 提供安全可靠的产品和高效的服务 构建有竞争力的供应链 强化产品创新 强化质量管理	I1 严格的标准化管理 I2 科学的利润管理，产品结构体系梳理，产品创新与开发 I3 直营店、加盟店拓展，新店选址与开发 I4 构建供应链体系 I5 品牌视觉体系建设，品牌传播与营销推广	■ 订单处理准确率 ■ 安全事故次数 ■ 新产品投资回报率 ■ 新产品接受度 ■ 直营店与加盟店的数量 ■ 仓储与供应链的辐射半径 ■ 品牌视觉完成率 ■ 品牌知名度与美誉度
学习与成长角度 Learning	建立准备充分、积极向上的员工队伍	L1 提升职业技能、领导力、整合能力 L2 数字化管理体系建设 L3 组织协同、个人成长、企业文化	■ 战略性技能覆盖率 ■ 系统里程碑达成率 ■ 个人计分卡达标率 ■ 员工满意度

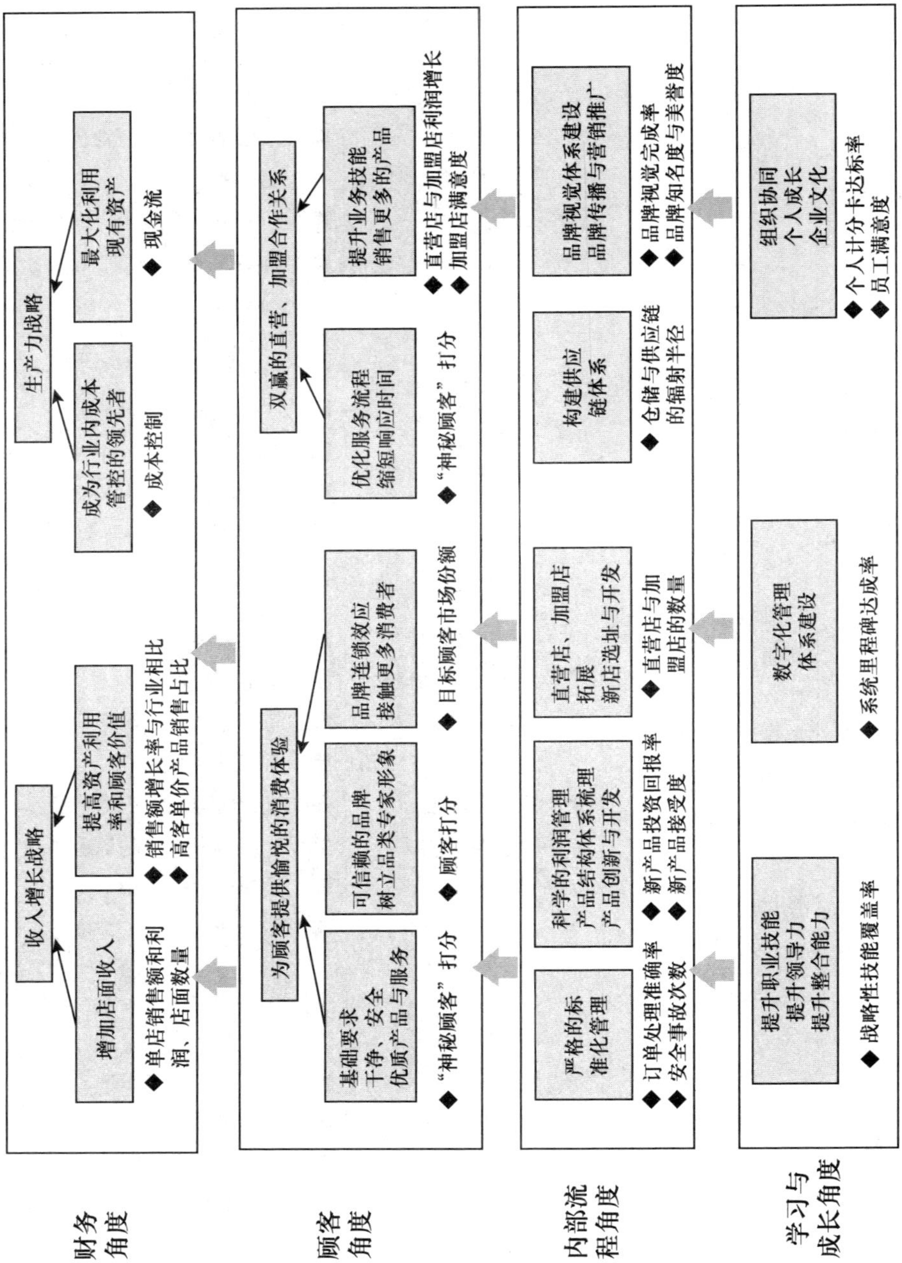

图 9-1 W餐饮企业营销战略地图

第一步：评估竞争环境。

第二步：了解顾客喜好与细分。

第三步：制定能够带来突破性财务绩效的增长战略。

第四步：明确描述收入增长战略与生产力战略之间的平衡关系。

第五步：确定目标顾客群。

第六步：确定目标顾客群的价值定位。

第七步：确定哪些是能够支持目标顾客价值定位和成本与生产力战略的关键内部流程。

第八步：开发优化内部流程和驱动顾客价值所必需的技能、素质、激励机制、数据库和技术。

最终企业会得到一整套能够真正反映战略情况的战略目标和衡量指标。对于一张好的平衡计分卡，外部人员应该能够通过研究衡量指标间的逻辑关系而初步推断出企业的战略方向。

9.4 营销管理者——战略与战术推动者

9.4.1 营销管理者是品牌顶层设计总工程师

作为一名营销管理者（以下简称管理者），必须有统筹、整合、管理、运营企业内外部所有资源的能力；必须明晰战场的形势，懂得如何进行战略部署；必须具有统领企业战略与品牌、营销、传播的能力，并协同所有作战单位，赢取战争的胜利。

要做好品牌经营的工作，需要了解国家政策，把握行业趋势，洞悉整个品类的市场潮流，清楚整个市场的竞争环境，并有能力分析自有品牌的优劣势，有能力做品牌发展的长远规划、拟定策略、制定制度，以保证战略部署的有效实施及品牌发展目标的达成。

要做好品牌经营的工作，需要深入地了解市场，了解消费者。企业为了不同的营销目的会施行各种调研管理，为了能精确掌握数据背后的真实含义，管理者不应该只待在办公室看报表、听报告，必须走街串巷，贴近消费者最真实的生活，了解他们真正的需要和想要，在这个基础上结合报表、报告提供的信息与建议，决定产品的功能与品质，确定品牌与消费者的沟通策略。

要做好品牌经营的工作，还需要懂得如何与企业内部的各个分工单位有效地协同作战。

首先，要与生产部门开展合作。一方面，品牌经营不能脱离产品的功能与品质。只有建立在物理性的基础上，品牌才立得住脚，才能够取信于消费者，以及从感性的层面刺激消费者的想要及促进最终购买行为的实现。另一方面，产品的功能与品质必须能够很好地满足消费者的需要。当消费者对产品的功能与品质提出意见和建议的时候，或者通过了解与洞察发现了新的消费需求的时候，要将这些意见反映到产品的研发部门，以便指引生产部门实现产品功能与品质的改变。不可否认，市场上的很多新产品就是源于对新消费趋势的判断。

其次，要与销售部门开展合作。一方面，销售的作用是“推”，而营销传播的作用是“拉”，“推”与“拉”两者无缝配合，才能促使消费者产生购买行为。如果“推”与“拉”不够协调，消费者被“拉”到了柜台前却找不到想要买的商品，就会产生抱怨（当然有些品牌喜欢饥饿营销，会故意制造缺货的假象）；如果消费者先在柜台上发现了商品，而品牌却没有将准确的沟通信息传达给他，或是销售员推荐了其他品牌，或是其他品牌在现场有促销……则各种状况很可能使这个消费者产生不信任、不确定的想法，这都将使品牌错失与消费者互动的机会。另一方面，销售管理是通过人流对物流与资金流的管理，带回信息流，这个信息流可以成为重要的调研资料，它直接、快速地反映着市场的状况，反映着竞争对手的作为，这些信息通过市场部门的消化、分析、整理后，最终反映给管理者，并作为品牌营销战略规划的参考和依据。

再次，要与市场部门开展合作。在整个品牌经营的过程中，市场部门从事信息的收集与汇总工作，并通过对这些信息的分析、研究，为营销资源的分配提供参考。市场部门通过各种调研手段，对销售数据进行汇总分析，对销售渠道信息进行研究，将市场分为攻击区、巩固区和开发区。管理者带领的部门则以此为依据，进行营销资源的分配与调度，部署品牌发展的作战计划，协调销售部门“推”与“拉”的动作，将品牌课深深植入更多消费者的心智。

同时，要做好品牌经营的工作，还必须协同各相关外协公司，不断地检视消费者对品牌的态度与反应，完成品牌沟通信息的制作与传播，制造品牌与消费者之间的关联与互动。基于此，还要通晓广告、公关、活动、事件营销、顾客关系管理、售点包装等各种沟通手段的功能与特性，通晓传统媒体、新媒体等各种传播工具的功能与特性，进而整合运作所有这些沟通手段与传播工具，向消费者传递统一的信息。

总之，管理者在整个品牌经营的过程中所扮演的是品牌顶层设计总工程师的角色。管理者一定要具有高瞻远瞩的视野，站在统筹运作的高度，做全局的掌控。从市场到企业内部各作战单位，再到与企业协同作战的各个外协单位，都应在管理者的协调与部署之下，为完成品牌经营的终极使命，周而复始地不懈努力。

9.4.2　优秀营销管理者的十个行动

营销管理者可以采取以下行动来提高企业的营销协同能力。

（1）让高层管理人员认识到以消费者为导向的必要性。营销管理者个人需要以身作则地关注消费者，并奖励企业中同样重视消费者的人员。

（2）任命资深的营销专员和营销团队。营销团队应该包括首席执行官，以及销售、研发、采购、生产、财务和人力资源部门的副总监，还有其他关键人员。

（3）获取外部帮助和指导。咨询公司具有相当多的经验，可以找咨询公司帮助企业确立营销战略导向。

（4）改变企业的奖励测评方法和制度。只要采购部和生产部因保持较低成本而受到奖励，他们就会拒绝接受为了更好地服务消费者而产生的一些成本。只要财务部只关注短期盈利，他们就会反对那些旨在建立消费者满意度和忠诚度的重大投资。

（5）雇用强势的营销人才。企业需要强势的营销总监，营销总监不仅需要管理营销部门，也需要获得其他副总监的尊重，并对他们有影响力。多部门的企业将因建立强势的营销部门而受益。

（6）开展强有力的内部营销培训活动。企业应该为管理层、部门总经理、营销和销售人员、生产人员、研发人员及其他人员设计完备的营销训练项目。许多企业如华润怡宝、农夫山泉、娃哈哈都已经开展了集中培训。

（7）建立现代营销计划体系。计划的编排需要管理者去思考营销环境、机遇、竞争趋势和其他影响因素。然后，为专门的产品和细分市场进行战略准备和销售盈利预测，使日后的工作绩效可以被预估。

（8）设立年度营销卓越人才表彰项目。如果某个业务单元自认为开展了杰出的营销计划，那么就可以提交自己的方案和成果。获胜的团队应该在一个特殊的仪式上被嘉奖，而获奖的计划也应作为“营销思考的典范”而在其他业务单元广为传播。例如，宝洁等公司就使用了这种战略。

（9）将注意力从部门转向流程结果。在确定了决定企业是否成功的基础业务流程后，企业应委任流程主管和跨部门团队再造并执行这些流程。

（10）授权给员工。企业要鼓励并奖励员工提出新思想，并授权让员工自行处理消费者的投诉，以挽留消费者。

后记

理论是实践的总结，是经验的结晶，是指导行事的有效方法。个人与企业的成功都离不开事业理论。

什么是事业理论？个人和企业生存的根本之道是为社会承担某一方面的责任，解决某一方面的问题，这就要有一种理论，这个理论是从经验中得来的，包括对自己事业的独特认知及系统的方法论，俗称事业理论。

笔者也有自己的事业理论。

用全局思维思考，用系统方法做事

品牌战略、营销战略是企业战略的重要组成部分，因此需要具有全局战略思考意识。例如，企业战略、产品结构、核心业务、品牌定位、营销传播、广告创意、包装设计、推广策略等都是战略要素，不可分割。为了做好品牌营销这件事情，要把这些看成一件事，用系统的方法来做，不能分散来做，也不能由不同的人来做。

关于效率，商业界早有定论——系统效率大于独立效率之和。企业效益好不好，就要看是否发挥了系统效率。

实践中，我们发现客户会找甲公司做品牌定位，找乙公司做包装设计，再找丙公司做广告创意，还找丁公司做营销传播……其实这种将系统营销的结构分割成各个细小散件的做法，很难将品牌战略的一致性贯彻到底，不仅不能发挥“1+1 > 2”的功效，而且增加了大量的时间成本、沟通成本，因为每一家合作的公司都要重新理解品牌，每一家公司都只是在做自己的那份工作，是片面的、孤立的，没有站在一个全局的高度来统筹思考。

谋局成势，高屋建瓴，我们每一次都要站在战略全局思考品牌顶层设计，并用系统的方法做事情。

用专心、专注成就专业

时光如白驹过隙，人要在有限的生命里做出成绩，唯有聚焦于一个领域，用专心、专注成就专业。

怎样成为某领域的行家呢？有一个一万小时定律——我们在某个专业领域坚持一万小时的学习与研究，就能成为该领域的行家。

其实，要成为某个专业领域的行家，一万小时的学习是不够的（当然某些天才例外）。例如，品牌营销所涉及的知识面较广，包括心理学、经济学、广告学、传播学等学科，要在该领域达到精通的水平，需要两万小时、三万小时，甚至更久。同时，品牌营销是一门以实践为主的学科，除了学习书本知识和研究成功案例外，还要走向市场，积极将所学的方法用于品牌营销的实践活动中，不断在实践中总结经验。

专注，是超越现实世界的妙门，是获得超体验的唯一路径。专注了，才会把力量收紧，形成穿破障碍的势能，才不至于“魂飞魄散”。

俗话说：“冰冻三尺，非一日之寒。”相信只要我们专注于一件事，坚持十年、数十年甚至一生，即便是平凡的工作也可以做得非凡。

笔者就要用一生的时间去做品牌营销这个平凡的事情，把这件事情做到极致，做到一个高度，为更多的企业服务。

宁可被低估，也不可被高估

在弱肉强食的竞争时代，以虚怀若谷的谦逊姿态面对客户，何尝不是一种精神？

笔者现在无论是与客户开展前期沟通，还是进行合作，都深深铭记和君集团董事长王明夫先生的话——“宁可被低估，不可被高估”，始终保持不夸夸其谈、不肆意鼓吹的谦逊态度。

“宁可被低估”是生存哲学。被客户低估了，如果合作不成，则双方没有损失，且情谊还在，说不定双方今后重新认识彼此，还有合作的可能；如果合作成功，由于客户低估了我们，我们后期每一次向客户提交的项目成果，都可以给客户带来惊喜，超出客户的期待，这样客户觉得花的钱很值，对我们服务的满意度自然也就很高，从而更加信任我们。

“不可被高估”是合作智慧。如果由于我们的自我吹捧，被客户高估了，则即便合作了后期也会带来很多麻烦，因为客户期望过高，这个期望一旦超出了我们的能力范围，客户就对项目成果不满意，失去对我们的信赖。因此，要想长久合作，我们的专业水准就不能被高估。

由于坚持这个准则，与笔者合作的客户满意度都很高，这些年笔者也积累了很多回头客。凡事都有利弊，也因为坚持这个准则，让很多客户在初期洽谈中没有获得足够的信心，导致未能达成合作，这个也无憾，正所谓“弱水三千，只取一瓢饮”。

“人生如莲”，理当“三度修炼”

笔者在职业生涯中深受和君集团董事长王明夫先生的影响，其“人生如莲”“三度修炼”思想使笔者受益无穷。

“人生就像是睡莲，成功是浅浅地浮在水面上那朵看得见的花，而决定其美丽绽放的是水面下那些看不见的根和本。莲花初绽，动人心魄，观者如云，岂知绚烂芳华的背后是长久的寂寞等待和强根固本。君子务本！”

对于“三度修炼”，王明夫先生这样解释：“态度决定命运，气度决定格局，底蕴的厚度决定事业的高度。”人之态度、气度、厚度，犹如莲之根本。

态度决定命运。态度是性格的直观体现，人们常说性格决定命运，其实进一步来说是态度。例如，“努力不一定成功，但放弃一定失败”，这个态度让姚明成为著名球星。

气度决定格局。所谓“宰相肚里能撑船”，就是说宰相的度量大、格局大。气度修炼，需要日积月累，功到自然成，功不到，自然不成。为此，穷其一生也值得。

底蕴的厚度决定事业的高度。真正的事业远行者，必须回到生活常态和朴实无华上来，把对理想的追求、志向的落地、底蕴的蓄积、胸襟气度的养成等，转变为一种天长日久、平淡如水的生活常态。

刘述文

2023 年 5 月